UN

PROFESSEUR DE RHÉTORIQUE

Du même Auteur :

Richelieu à Luçon ; sa jeunesse, son épiscopat. — (Thèse de doctorat ès-lettres, 2ᵉ édition, 1 vol. in-12, 1890). — Librairie Thomas, 6, place de la Sorbonne ; prix : 3 fr. 50.

Quid de instituendo principe senserit Vayerius. — Thèse de doctorat, 1891 (épuisé).

Yankees et Canadiens ; impressions de voyage en Amérique. 1895. — Tours, Mame, 1 vol. in-8 (épuisé).

M. Bieil, directeur de Saint-Sulpice ; notes et souvenirs. — Paris, Lethielleux, 1903, 1 broch. in-16 ; prix : 1 fr. 25.

Discours de Jésus sur la Montagne, traduction et commentaires. — In-12, 36 pages. — Paris, Lethielleux, 1904 ; prix : 0 fr. 50.

L'Abbé Charles Perraud ; sa vie et ses œuvres. 1892.

Un Mensonge de Richelieu, 1893.

Sainte Geneviève, 1897.

Mᵍʳ Landriot, archevêque de Reims, pendant la guerre, 1897.

Jeanne d'Arc, 1898.

Lettres pastorales : Le bon Samaritain, 1902 ; — *La charité envers les enfants et les vieillards,* 1903 ; — *La charité envers les malades,* 1904 ; — *Les devoirs nouveaux des catholiques,* 1905 ; — *Le patriotisme et nos devoirs civiques,* 1906.

Panégyrique de saint Bernard, 1903.

Panégyrique de saint Christophe de la Romagne, 1905.

Conseils aux étudiants des Facultés catholiques de Lyon, 1906.

Du rôle de la critique dans l'Histoire de l'Eglise. — Paris, Plon, 1909 ; prix : 1 fr.

Mgr L. LACROIX

ANCIEN ÉVÊQUE DE TARENTAISE
DIRECTEUR D'ÉTUDES A L'ÉCOLE DES HAUTES ÉTUDES

UN

PROFESSEUR DE RHÉTORIQUE

NOTES ET SOUVENIRS

SUR

M. LE CHANOINE DOGNY

Du Diocèse de Reims

PARIS

LIBRAIRIE PLON

PLON-NOURRIT ET Cie, IMPRIMEURS-ÉDITEURS

8, RUE GARANCIÈRE — 6e

1912

Tous droits réservés

Le Chanoine Léon DOGNY
1846-1910

> *« Testor Jesum et Sanctos ejus,*
> *» me nihil in gratiam, nihil more*
> *» blandientium loqui, sed quod*
> *» dicturus sum pro testimonio*
> *» dicere ».* (S. JÉRÔME, Ep. XVI,
> n° 2).

> « Je le déclare en présence de
> » Jésus et de ses Saints, je n'em-
> » ploierai pas le langage des
> » compliments et de la flatterie :
> » je parlerai comme un témoin
> » qui s'engage à ne dire que la
> » vérité ».

Le prêtre modeste, dont il va être question ici, aurait été saisi d'épouvante à la seule pensée qu'il pût être l'objet d'une notice biographique. Homme de devoir avant tout et dédaigneux des vains honneurs de ce monde, il n'attachait de prix qu'à l'accomplissement consciencieux et probe de sa tâche quotidienne. Les progrès intellectuels et moraux de ses élèves quand il était professeur, les besoins religieux de ses paroissiens lorsqu'il était curé : voilà quelles étaient pour lui les seules réalités vraiment importantes. S'appliquer de toute son âme à la besogne voulue par Dieu et y apporter la somme d'intelligence et de dévouement qui était en son pouvoir : tel fut le programme de toute sa vie, et ceux qui l'ont connu savent jusqu'à quel point il y resta fidèle.

Les pages qui vont suivre ne sont donc pas destinées à décerner de futiles louanges à un homme qui ne les ambitionna jamais. Elles sont, avant tout, pour celui qui les a écrites, une œuvre de reconnaissance et d'amitié.

Après avoir été l'élève de M. Dogny pendant l'année scolaire 1871-1872, je suis devenu, peu à peu, son ami, et nos relations d'affection ont duré près de quarante ans, sans qu'il se soit jamais produit entre nous, non pas une brouille véritable, — ce qui était impossible avec un homme d'humeur aussi accommodante que la sienne, — mais même un de ces refroidissements passagers, comme en connaissent parfois les amitiés les plus solides et les plus durables. Depuis le jour où il quitta le Petit Séminaire de Reims, pour être curé de Courville, novembre 1872, jusqu'au 7 mars 1910, date de sa mort, notre correspondance n'a jamais chômé, et ce sont ses lettres à lui, pieusement gardées, au moins pour la plupart, qui m'ont particulièrement servi pour documenter ce modeste travail. Chaque fois que l'occasion s'en présentera, il me sera agréable de le citer, de le faire parler lui-même, afin que les lecteurs le retrouvent tel qu'ils l'ont connu, avec ses rares qualités d'indulgente bonté, de curiosité intellectuelle toujours en éveil, de goût impeccable et sûr, d'application constante à sa besogne professionnelle, et, pour couronner le tout, de foi profonde et de piété éclairée et sincère.

Mais les cent cinquante lettres que j'ai conservées de M. Dogny ne sont pas l'unique source à laquelle j'ai puisé. J'ai interrogé aussi ceux de ses amis qui ont été ses collègues et ont vécu à ses côtés pendant les longues années de son professorat. Leurs récits oraux et leurs notes manuscrites m'ont été très précieux pour reconstituer le cadre scolaire dans lequel s'écoula la vie de M. Dogny, et marquer avec précision et exactitude ce qu'il fut comme professeur et comme curé (1).

Mais c'est surtout à sa famille que je suis redevable de tout ce qu'il pourra y avoir de vraiment intéressant dans la courte biographie qu'on va lire.

A défaut des vieux parents, que M. Dogny entourait d'une respectueuse tendresse et qui sont partis pour l'autre monde, chargés de vertus autant que d'années, j'ai pu interroger sa sœur et sa nièce ; et c'est en nous entre-

---

(1) On me permettra d'exprimer ici tous mes remerciements, pour le concours qu'ils m'ont prêté, à M. Neveux, vicaire général ; à M. Morigny, ancien directeur du collège Notre-Dame de Rethel ; à M. Charles, ancien directeur du collège Saint-Joseph de Reims ; à M. Colas et M. Solliet, chanoines titulaires ; à M. Simon, ancien curé de Villers-Allerand, à M. Germain, directeur de l'institution Saint-Remi, etc.

tenant ensemble du cher disparu, en repassant une à une toutes les phases de sa vie, que l'idée m'est venue d'en fixer par écrit les traits dominants et caractéristiques, et de dédier cette Notice à tous ceux qui, à un titre quelconque, ont connu M. Dogny, l'ont aimé pour sa bonté et ont été édifiés par l'exemple de ses vertus.

Peut-être s'étonnera-t-on, de prime abord, de l'étendue de ce travail. Peut-être même dira-t-on qu'il y a disproportion entre le héros, qui fut par-dessus tout un modeste, et le monument qu'on a essayé d'élever à sa mémoire.

Mais j'ai pensé qu'il y aurait profit, dans l'intérêt de la vérité elle-même, à évoquer, aussi exactement que possible, les différents milieux où s'est exercée l'activité de notre ami. Sa physionomie, replacée dans ce cadre, n'en aura, me semble-t-il, que plus de précision, plus de relief, — et aussi plus de réalité.

De plus, comme c'est à l'enseignement que M. Dogny a consacré la plus grande partie de son existence, j'ai tâché de peindre en sa personne tous ceux de ses confrères qui, obéissant à une vocation supérieure, donnent généreusement leur vie à la formation chrétienne de la jeunesse. Notre ami, on le verra, a pratiqué à un haut degré les vertus qui leur sont propres, et sans lesquelles l'œuvre de l'éducation est fatalement stérile.

Il a été, trente ans durant, une sorte de

professeur-type, incomplet par certains côtés, mais qui, néanmoins, par sa rare intelligence et son dévouement inlassable, mérite d'être offert en exemple à la génération montante ; et c'est ce qui explique pourquoi, de préférence à toute autre, cette qualité de professeur figure en tête de cette étude.

Certes, M. Dogny a joué, sur la scène de ce monde, un « personnage assez effacé » — pour employer le mot si connu de Bossuet (1). Mais le lecteur qui réfléchit et dont la pensée emprunte sa lumière à l'Evangile, sait que la valeur d'un homme n'est point conditionnée par l'éclat extérieur du rôle qu'il joue, par les honneurs dont il est revêtu, par les succès qui couronnent ses efforts. La vie est ailleurs que dans ces trompeuses apparences : « La vie intérieure, dit le P. Gratry, est plus belle que la vie extérieure. La vie à la surface est moins vraie, moins pleine qu'au centre » (2). Or, si la vie extérieure de M. Dogny ne se signale par rien d'extraordinaire, sa vie intérieure fut admirable ; et j'ose espérer que ce sera une joie très douce pour les lecteurs de pénétrer dans l'intimité de cette belle âme sacerdotale.

Certes, je ne me flatte pas de leur donner de l'ami qu'ils ont perdu, du maître qui a guidé

---

(1) BOSSUET : *Méditation sur la brièveté de la vie.*
(2) GRATRY : *Souvenirs de jeunesse.*

leur jeunesse, du pasteur qui les a initiés aux mystères de la grâce, un portrait absolument ressemblant. Mais, si imparfaite que soit l'ébauche, je puis du moins attester qu'à en préciser les contours, à en dessiner les lignes maîtresses, à évoquer les traits essentiels qui donnaient au modèle quelque chose de si original et de si attachant, j'ai mis tout mon cœur d'ancien élève et le sentiment d'une vive gratitude pour tout le bien qu'il m'a fait.

Pougues, le 1ᵉʳ octobre 1911,

En la fête de saint Remi, apôtre des Francs
et patron du diocèse de Reims.

M. LE CHANOINE DOGNY

CHAPITRE Ier

L'Education en famille
(1846-1858)

Léon Dogny naquit à Damouzy, le 12 février 1846. Damouzy est un petit village des Ardennes, situé à quatre kilomètres de Charleville. La population, qui ne compte guère que 450 habitants, est essentiellement agricole. Il n'y a, à proprement parler, ni riches ni pauvres. Chacun y vit de son bien ; mais il lui faut beaucoup peiner pour cultiver son petit domaine et arracher à la terre de quoi suffire aux besoins de sa famille. Jadis, l'industrie des clous à la main était florissante à Damouzy, comme dans toute la vallée de la Meuse. Mais là, comme ailleurs, cette industrie a été remplacée par celle des clous à la mécanique ; et, de ce chef, les ressources du pays ont sensiblement baissé. Toutefois, la race est robuste, laborieuse, intelligente, sobre et d'une saine moralité. C'est dire que la foi et les pratiques chrétiennes y sont restées en honneur et que, malgré le voisinage de Charleville et de Mézières, les bonnes traditions s'y sont maintenues.

De toutes les familles dont se composait la paroisse, nulle n'était plus honorable, ni plus universellement estimée, que la famille Dogny, Le père, Jean-Baptiste Dogny, et la mère, Marie-Jeanne Hardy, étaient cités comme des modèles de courage au travail, de vertu domestique et d'esprit religieux. C'étaient de simples cultivateurs ; mais leur conscience était délicate, leur caractère noble, leur esprit droit, judicieux et avisé. Leur foyer était, au plein sens du mot, le foyer chrétien par excellence. Les parents, en effet, faisaient rayonner autour d'eux l'action bienfaisante et toujours salutaire de leurs exemples ; les enfants, de leur côté, témoignaient à leurs parents et aussi à leurs grands-parents un respect, une obéissance, une affection qui jamais ne se démentaient. Ainsi, dans la pratique de ces vertus familiales qui sont le vrai secret du bonheur, la vie se déroulait, calme, douce, exempte de ces troubles et de ces orages qui, aujourd'hui, dévastent tant de foyers. Certes, le travail était rude pour tous ; et les enfants d'alors ne connaissaient guère les gâteries amollissantes qu'on prodigue à ceux d'à présent. En revanche, les caractères étaient plus fortement trempés, les mœurs plus austères, parce que le bien-être était plus rare, et, tout compte fait, avec des ressources moindres, les gens étaient plus contents de leur sort.

Voilà le milieu dans lequel grandit le jeune Léon Dogny. Son enfance, on le devine, fut semblable à celle de ses jeunes camarades. Pourtant, on remarquait déjà chez lui, et à un degré exceptionnel, ce penchant pour la bonté qui devait être la note dominante de toute sa vie. Pacifique et doux par tempérament, il n'attaquait jamais personne ; il s'interdisait toute parole d'injure ou de simple moquerie. Il s'abstenait même de ces bons tours et de ces « niches » généralement innocentes, qui sont chose fréquente, pour ne pas dire quotidienne, dans la vie des écoliers. Et quand, sans l'avoir cherché, il était impliqué dans quelque querelle et qu'il rentrait à la maison avec un horion ou les vêtements déchirés, son premier soin était de disculper ses camarades et d'affirmer « qu'ils ne l'avaient point fait exprès ». On le voit, il s'essaya de bonne heure dans un rôle qui devait, plus tard, lui être si familier et lui valoir autre chose que des agréments et des témoignages de reconnaissance.

Dès cette époque aussi, il aimait les pauvres. Quand il en rencontrait un sur le chemin de l'école, il lui donnait son goûter, à défaut d'argent. Mais ses prédilections allaient aux ramoneurs, à ces petits Savoyards qui, avant l'incorporation de la Savoie à la France, se répandaient dans nos villes et nos villages pour y gagner leur vie au prix d'un labeur au-dessus de leur âge. En les voyant malingres, mal vêtus et couverts de suie, le jeune Léon se sentait ému de pitié ; il les ramenait à la maison paternelle, suppliait sa mère de les héberger et ne les laissait repartir que restaurés et réconfortés.

A six ans, il commença de fréquenter l'école du village. Inutile de dire qu'il fut un écolier modèle et qu'il apprit très vite à lire, à écrire et à compter. Il aimait son école ; il s'y sentait à l'aise, comme chez lui, et l'envie ne lui vint jamais de faire ce qu'on appelle l'école buissonnière. Au contraire, l'instituteur, M. Laurent, qui avait deviné ses dons exceptionnels et qui savait pouvoir compter sur son zèle, lui avait confié la mission fort honorable d'amener en classe les enfants récalcitrants et tentés de préférer les longues flâneries à travers champs aux douceurs de la grammaire de Noël et Chapsal. Léon se montrait pour ces marmots un mentor si aimable et si persuasif qu'ils le suivaient sans trop de mauvaise grâce jusqu'au seuil de l'école. Apostolat charmant, en vérité, que celui-là, et tout à fait en harmonie avec son caractère attirant, par où se révélait, dès cette époque, l'ascendant de sa bonté !

L'enfant devait encore sa jeune autorité sur ses camarades à l'évidente supériorité de ses facultés intellectuelles. Esprit lucide et pénétrant, il saisissait du premier coup l'enseignement du maître. Qu'il s'agît de grammaire, d'arithmétique ou d'histoire, il comprenait tout. Comme, par ailleurs, il était doué d'une mémoire merveilleuse, il retenait tout ce qu'on lui avait appris. Aussi, n'est-il pas surprenant que ses progrès aient été rapides et qu'il se soit placé, très vite, à la tête de sa classe. Ces succès, un peu inaccoutumés dans une école rurale, donnaient à sa petite personne une manière de prestige, sans toutefois porter atteinte à sa modestie native.

Si l'étude le captivait, Léon n'éprouvait, en revanche, aucun goût pour les travaux des champs. Ces besognes au grand air qui exigent de l'agilité, de la force, et où, d'ordinaire, se complaisent les enfants de la campagne, il se gardait bien de les mépriser, puisqu'il voyait ses parents s'y appliquer ; mais elles lui inspiraient une sorte de répulsion instinctive. Sa nature pacifique s'accommodait mieux de la vie sédentaire, et, pendant que sa famille était aux champs, il demeurait à la maison et passait son temps à lire. Et c'était dommage, en vérité ! car, si cette passion pour la lecture était très propre à développer les facultés de son esprit, elle ne pouvait qu'être préjudiciable au développement de son corps. Il est probable, en effet, que sa santé aurait été dans la suite plus robuste, et tout son organisme plus résistant, si, durant les années de son adolescence, il s'était associé d'une manière plus active aux rudes travaux de ses parents. A vivre au grand air, parmi la fatigue des labours, des semailles et des récoltes, à mener l'existence des paysans dans un âge où le corps est en pleine croissance, il se serait fait des muscles plus souples et plus vigoureux. Il aurait, en particulier, prévenu et empêché cet embonpoint précoce qui fut plus tard la source de toutes ses misères physiques.

Mais c'est surtout par l'esprit religieux dont il était animé, que le jeune Dogny se signalait entre ses condisciples. Il avait eu ce bonheur que les premières pratiques de la vie chrétienne lui fussent inculquées au foyer paternel. En ce temps-là, les familles considéraient comme une obligation essentielle de s'occuper elles-mêmes de la formation morale et religieuse de leurs enfants. C'est dire que Léon sut très tôt par cœur les prières traditionnelles, telles qu'elles figurent dans le catéchisme et le paroissien, et qu'il contracta l'excellente habitude de les réciter avec le plus grand soin, le matin et le soir, tantôt seul, tantôt avec ses frères et sœurs, tantôt enfin avec la famille tout entière. Pareillement, il assista, dès l'âge le plus tendre, aux offices de la paroisse, et sa tenue à l'église était toujours irréprochable.

Doué comme il l'était pour l'étude, il obtint le premier rang au catéchisme comme à l'école. Mais le souci scrupuleux de la vérité m'oblige à dire qu'il trouvait auprès de M. le curé de Damouzy beaucoup moins de bienveillance qu'auprès de l'instituteur.

Le curé n'était autre que cet abbé Marteau à qui sa belle conduite pendant la guerre devait valoir une juste célébrité. On se rappelle sans doute que, sommé par les Prussiens de désigner trois de ses paroissiens pour être fusillés en expiation d'une attaque soudaine de francs-tireurs, il protesta de l'innocence de tous ses paroissiens, refusa de livrer les victimes demandées, et, finalement, à l'exemple du Christ, offrit sa propre vie pour assurer le salut de son troupeau (1).

Cependant, si ce prêtre montra une âme in-

(1) Abbé CERF : *Le Livre d'or des Actes de dévouement et de générosité qui se sont produits dans le diocèse de Reims pendant l'invasion allemande.* — Desclées, 1896, p. 120.

trépide en une heure tragique, et si, par surcroît, il jouissait de l'estime publique à cause
de ses vertus sacerdotales, on est bien forcé
d'ajouter que, dans l'exercice quotidien de son
ministère, il avait l'humeur difficile. Il était
d'un caractère rude, emporté jusqu'à la violence. Sans qu'on ait jamais su pourquoi, il
avait pris en grippe le jeune Dogny. Au
catéchisme, comme aux offices, il l'humiliait à
tout propos, le rudoyait et le bousculait sans
raison. Il lui reprochait, par exemple, de bre-
douiller sa leçon et lui faisait une sorte de
crime d'être « gros et court ». On imagine aisément combien un enfant timide et délicat
comme l'était Léon Dogny devait souffrir de
pareils procédés !

Cette animosité devint telle qu'un dimanche,
en pleines vêpres, le curé quitta son fauteuil
d'officiant et s'en fut administrer un vigoureux
soufflet au petit Dogny, sous les yeux de tous
les assistants. Il va sans dire que le père fut
très mécontent de ce geste de violence, et du
scandale qui en était résulté. Il en conçut
une telle irritation qu'il parla de retirer
son fils du catéchisme. Il songeait même à lui
interdire de remettre les pieds à l'église. Fort
heureusement, l'enfant fut plus prompt à pardonner. De lui-même, il retourna bientôt au
catéchisme et il ne se souvint plus de l'incident
que pour s'appliquer davantage à donner toute

satisfaction à l'irascible pasteur. Désormais, il récita plus distinctement son catéchisme ; mais, comme c'est le propre de la nature humaine de n'arriver jamais à une correction totale et parfaite, il s'opiniâtra à rester gros et court ; et même, sur ce point, je le confesse, il mourut dans l'impénitence finale...

Toutefois, je crois bien qu'un peu plus tard, quand l'abbé Marteau fut nommé à la cure de Vaux-Vilaine, la famille Dogny et Léon lui-même le virent partir sans trop de regrets.

Nous n'aurions pas rapporté ces menus faits, si l'âme candide et bonne de notre futur chanoine ne s'y révélait déjà tout entière. En effet, combien d'autres, à sa place, se seraient révoltés contre une méthode, frappante à coup sûr, mais trop peu évangélique, d'enseigner la religion ! Combien auraient déserté pour toujours l'église et les offices, et seraient demeurés hostiles au clergé ! De la part de Léon Dogny rien de tel n'était à craindre.

Au contraire, bien loin de garder rancune à l'Eglise des rebuffades qu'il avait eu à subir de la part de son curé, il demanda à ses parents la permission d'entrer au petit séminaire de Charleville. Ceux-ci assurément étaient d'excellents chrétiens ; néanmoins, la demande ne laissa pas de leur causer une certaine déception. Certes, ils se rendaient bien compte que cet enfant si studieux et dont tout le monde vantait l'intelligence, était plus propre à entreprendre des études supérieures qu'à s'associer à leurs travaux. Mais ils n'avaient pas envisagé pour lui la perspective du sacerdoce. Ils espéraient autre chose et beaucoup mieux. Ils étaient effrayés aussi à la pensée des sacrifices qu'ils devraient s'imposer pour le mener jusqu'à la prêtrise. Il faudrait, douze années durant, l'entretenir dans un séminaire, en vue d'une situation toujours incertaine et peu rémunératrice. C'était, on en conviendra, matière à réflexion. Ne voit-on pas tous les jours des parents, même les meilleurs, même les plus chrétiens, même les plus désintéressés, hésiter à donner leur fils à l'Eglise, parce qu'ils ont peur que le fardeau ne soit trop lourd pour eux autant que pour leur enfant ?

La Providence intervint dans la personne d'un curé voisin, originaire de Damouzy, M. l'abbé Noiret, alors curé d'Aiglemont, qui enleva le consentement de la famille. Il connaissait l'enfant. Il savait tout ce qu'on pouvait attendre de ses qualités d'esprit et de cœur ; il le tenait pour un sujet d'élite ; il éprouvait même pour lui une vive affection. Un jour donc, — c'était en 1858, — il alla trouver aux champs le père de Léon. Il lui représenta que ce serait une faute, un crime même de laisser végéter à la campagne un garçon si richement doué. Il lui fit observer, en outre, que l'appel de Dieu était manifeste, les signes de vocation certains, et qu'il n'avait qu'à s'incliner devant la volonté de la Providence. Bref, il se montra éloquent et persuasif, et le père, ébranlé, promit de mener son fils, dès la rentrée d'octobre, au petit séminaire de Charleville.

CHAPITRE II

Au Petit Séminaire de Charleville
(1858-1865)

Ce petit séminaire était placé sous un régime à peu près unique en France, en ce sens qu'il était soudé au collège municipal et que les deux établissements vivaient, pour ainsi dire, côte à côte, dans une intimité de tous les jours.

C'était un prêtre de grand zèle (1) et de cœur apostolique, M. Delvincour, qui, au retour de l'émigration, après le Concordat de 1802, avait fondé le collège, lequel, installé dans les anciens bâtiments du Saint-Sépulcre, avait pris un rapide essor. Mais, frappé de la pénurie du clergé dans le département des Ardennes, qui, au point de vue religieux, était alors rattaché à l'Evêché de Metz, il résolut de fonder aussi un séminaire. Un décret impérial l'y autorisa en 1808. Comme, d'ailleurs, une

(1) Abbé F. REGNAULT : *Notice historique sur M. l'abbé Delvincour*. — Paris, 1826.

partie du couvent du Saint-Sépulcre restait inoccupée, M. Delvincour y mit son séminaire. Les élèves y affluèrent nombreux. Un peu plus tard, considérant combien les relations avec Metz étaient difficiles, le supérieur y installa encore une école de théologie ; de telle sorte que, comme l'avait prescrit le Concile de Trente, grammairiens, humanistes, philosophes et théologiens vivaient sous le même toit (1).

Après la Révolution de Juillet, le collège fut pour ainsi dire laïcisé. On mit à sa tête un principal laïque, et M. Nanquette, qui avait succédé à M. Delvincour dans la direction des deux maisons, ne fut plus que le supérieur du petit séminaire. Toutefois, les relations n'en continuèrent pas moins à rester excellentes entre les deux établissements, et, comme par le passé, les élèves du petit séminaire fréquentaient deux fois par jour les classes du collège. Les collégiens, à leur tour, venaient au séminaire pour les offices religieux, et la chapelle leur était ouverte tous les dimanches et fêtes, ainsi qu'aux élèves de l'école normale.

(1) Abbé BÉGUIN : *Vie de M. l'abbé Gillet.* — Reims, 1905, p. 54. — Cette école de théologie ne subsista que jusqu'en 1822. Le diocèse de Reims ayant été rétabli en 1821, le nouvel archevêque, Mgr de Coucy, rouvrit le grand séminaire dans sa ville archiépiscopale, et les théologiens de Charleville formèrent le premier noyau de la nouvelle communauté.

On le voit donc, il se faisait là, sur les bords de la Meuse, une expérience pleine d'intérêt. Un collège universitaire et un séminaire ecclésiastique, contigus l'un à l'autre, menaient, depuis près de quarante ans, une sorte de vie commune, dont rien ne venait troubler l'harmonie et dont chacun retirait des avantages très appréciables (1).

Grâce à cette originale combinaison, le diocèse de Reims, qui avait récupéré, en 1821, le département des Ardennes, faisait d'abord l'économie d'un personnel enseignant, toujours très coûteux ; et ce n'était pas pour l'Archevêque un mince profit de pouvoir compter sur de véritables professeurs de carrière pour donner une solide instruction aux séminaristes. Ajoutons que ces professeurs, qui appartenaient tous à la vieille Université, n'inspiraient aucune défiance en matière d'orthodoxie. En outre, par suite de la communauté des offices et des cours d'instruction religieuse, l'autorité ecclésiastique pouvait se flatter d'exercer une salutaire influence sur les professeurs et les élèves du collège.

De son côté, l'Université trouvait dans ce régime des avantages qui n'étaient pas à dé-

____

(1) Cet état de choses a duré jusqu'en 1876, où, à la suite d'un incendie, le collège fut reconstruit sur un autre emplacement et devint le lycée Chanzy.

daigner. Non seulement le Principal y gagnait d'être déchargé de tout souci au sujet du culte, de l'enseignement du catéchisme et de la préparation à la première communion, il n'était pas fâché non plus de pouvoir compter sur l'appoint des séminaristes pour grossir et presque doubler ses effectifs. D'autre part, et ceci touchait particulièrement les professeurs, il était excellent pour les collégiens d'avoir constamment à se mesurer dans les classes avec les séminaristes. Entre les uns et les autres régnait une perpétuelle et féconde émulation. Les élèves du séminaire, pour la plupart fils de paysans, arrivaient de leur village moins dégrossis et moins affinés que leurs rivaux, issus presque tous de familles bourgeoises. Mais, au bout de peu de temps, la situation respective des deux camps adverses était modifiée ; et il n'était point rare, surtout dans les classes supérieures, que les premières places fussent occupées par des séminaristes. Le fait n'a du reste rien qui doive surprendre, si l'on veut bien considérer que les élèves du séminaire, étant plus disciplinés, plus laborieux et plus tenaces au travail, rattrapaient assez vite l'avance que leurs émules tenaient de leur éducation première. Aussi n'est-il que juste de dire que le collège jouissait d'une excellente réputation, et que, tous les ans, au concours académique, il remportait de beaux succès, dont le mérite revenait, pour une bonne part, aux séminaristes (1).

Faut-il ajouter que la présence, dans leur classe, d'enfants et de jeunes gens destinés au sacerdoce, imposait aux professeurs une réserve, une retenue, un tact qu'ils n'auraient peut-être pas eus au même degré, s'ils n'avaient eu affaire qu'à des collégiens ? Vingt fois, j'ai entendu M. Dogny rendre hommage à la correction de leur langage, ainsi qu'à leur impartialité. Il ne se souvenait pas qu'un seul séminariste eût eu à subir de leur part un déni de justice, soit pour les compositions, soit dans l'attribution des notes de classe. Après avoir été leur élève pendant sept ans, il ne parlait jamais des professeurs laïques, qui avaient été ses maîtres à Charleville, qu'avec respect, reconnaissance, et même, quand il s'agissait de certains d'entre eux, avec une sincère affection.

C'est dire qu'il n'approuvait en aucune façon la campagne d'attaques sourdes ou violentes que certaines feuilles conservatrices menaient à cette époque contre l'Université. Elève distingué de l'*Alma mater*, et après avoir écouté

---

(1) Le collège de Charleville concourait avec les cinq lycées et les dix-huit collèges de l'Académie de Douai, et presque toujours il occupait le premier rang, se plaçant même avant les grands lycées de Lille, Douai et Amiens.

les leçons de ces maîtres que certains représentaient comme des propagateurs d'irréligion et d'impiété, il estimait, au contraire, que l'entente était possible entre ces deux grandes forces sociales que sont l'Eglise et l'Université. Sur ce point, sa conviction était d'autant plus ardente qu'il avait vu régner l'harmonie la plus parfaite entre le personnel du collège et celui du séminaire, et qu'il avait lui-même bénéficié de cet accord.

M. Dogny aimait, en particulier, à insister sur les bienfaits de toute sorte que des jeunes gens se destinant au sacerdoce pouvaient tirer d'un tel régime. Il n'est pas bon, croyait-il, que le prêtre demeure isolé au milieu de la société, où il est appelé à vivre et à exercer son ministère. Or, de tous les liens qui groupent les hommes entre eux et facilitent leurs relations, il n'en est pas de plus fort, ni de plus durable que celui qui a son origine dans des études faites en commun. En effet, quand on s'est assis sur les mêmes bancs, qu'on a assisté aux mêmes cours, fait les mêmes devoirs et les mêmes pensums, et qu'on a rivalisé d'ardeur dans les mêmes compositions, il s'établit des rapports d'amitié, ou tout au moins de camaraderie, qui durent longtemps après qu'on a quitté le collège, et déterminent ensuite mille occasions de relations charmantes ou utiles.

M. Dogny était donc de ceux qui approuvaient le régime de la coinstruction des séminaristes et des collégiens, telle qu'il l'avait vue fonctionner à Charleville. A son sens, les séminaristes devenus prêtres, curés ou vicaires, c'est-à-dire ayant charge d'âmes, trouvaient plus de facilités, dans l'exercice de leur ministère, du seul fait d'avoir été les condisciples des avocats, médecins, magistrats, officiers ou professeurs de leur voisinage. Sans parler du plaisir qu'ils goûtaient à entretenir ou à renouer des relations d'amitié, ils avaient là un moyen de rendre plus de services à leurs paroissiens, en recourant au crédit de leurs anciens camarades.

Mais ce qui paraissait plus précieux encore à M. Dogny, c'est qu'en cas de maladie grave, par exemple, cette communauté de souvenirs faisait mieux agréer leur ministère sacerdotal. On peut fermer sa porte à un curé qu'on ne connaît pas et qui est pour vous un étranger ; on ne la ferme pas à un vieil ami de collège, avec qui l'on a laborieusement traduit Virgile ou Homère, avec qui surtout l'on a fait d'interminables partie de barres ou de ballon.

En Allemagne, personne ne l'ignore, les séminaristes fréquentent les cours des gymnases et des universités. Qui sait si ce n'est pas à cette éducation de plein air, plus forte et plus virile que la nôtre, qu'il faut attribuer l'incontestable influence du clergé allemand et ses généreuses initiatives en matière sociale ? Les prêtres d'outre-Rhin ne sont ni plus réguliers, ni plus pieux, ni même plus savants que les nôtres ; mais ils connaissent mieux la vie. De bonne heure, ils ont pris contact avec les réalités de ce monde ; ils se sont associés aux diverses manifestations de la vie nationale, et ce fait seul leur assure une véritable supériorité sur les jeunes gens corrects, réguliers, mais timides et souvent amorphes qui sortent parfois de nos séminaires, et dont tout le monde a rencontré certains spécimens. Les prêtres allemands sont des conquérants, à l'allure hardie, qui veulent reculer les frontières du royaume du Christ ; les nôtres sont plutôt des conservateurs, dont toute l'ambition se borne à défendre l'étroit bercail confié à leur garde.

*
* *

Il y a tout lieu de croire que le supérieur du Petit Séminaire de Charleville, M. l'abbé Tavenaux, était loin de partager ces vues, peut-être optimistes, sur les bienfaits d'ordre spirituel et temporel que pouvait présenter, au point de vue strictement religieux, la coéducation des séminaristes et des collégiens. C'est, qu'en effet, ce vénérable prêtre septuagénaire et presque aveugle, à qui était confiée la direction du séminaire, donnait à cette jeunesse l'impression d'un homme d'un autre âge, d'un ancêtre, dont les principes et les doctrines cadraient mal avec l'évolution qui s'était produite dans les esprits et dans les institutions.

Nul ne contestait la haute vertu et le zèle apostolique de cet homme qui, né en pleine Révolution (1792), avait été élevé et formé par des prêtres demeurés, malgré la persécution, fidèles à l'orthodoxie, et qui, dès le début de sa carrière sacerdotale, au lendemain de la Restauration (1816), n'avait pas hésité à accepter la double fonction de professeur au collège de Charleville, et de curé de Damouzy et d'Etion. Voici, en effet, la note qu'on peut lire sur un registre de la paroisse de Damouzy (1) :

« ... Ce bon prêtre, quoique demeurant à Charleville et exerçant au séminaire la place de professeur de rhétorique, rétablit, par sa vertu, son zèle et sa prédication, tous les mauvais effets de la Révolution. Il réhabilita des mariages. Il passait une partie des nuits à confesser, et il répara les scandales des mauvais prêtres...

» En 1830, ne voulant pas faire le serment à la Révolution de Juillet, il quitta la chaire de

(1) Nous devons la copie de cette note à l'obligeance de M. le curé de Damouzy.

rhétorique et vint demeurer à Damouzy, qui racheta alors l'ancien presbytère. Il continua dans sa paroisse à faire le bien et à former des personnes à la piété ».

En 1834, l'Archevêque de Reims avait eu la pensée de le nommer curé de Mouzon ; mais le Gouvernement, n'ayant pas voulu agréer ce choix, parce que M. Tavenaux ne s'était pas rallié aux d'Orléans, le curé de Damouzy rentra au séminaire de Charleville, où il enseigna la philosophie, pendant deux ans. Quand cette classe fut supprimée par l'Archevêque, au profit du petit séminaire de Reims, M. Tavenaux resta au séminaire avec le titre de directeur, et devint supérieur en 1853. Mais le registre paroissial de Damouzy nous assure que, malgré la dignité dont il était revêtu, le zélé supérieur « donnait aux élèves des leçons de catéchisme, les formant à la littérature chrétienne, à l'archéologie et aux autres sciences sacrées ».

Quand Léon Dogny entra en huitième, au mois d'octobre 1858, avec l'abbé Charderon pour professeur, M. Tavenaux n'était pas un inconnu pour lui, ni surtout pour sa famille, puisqu'il avait marié ses parents, quand il était curé de Damouzy. Il semble donc que l'enfant aurait dû aller à lui avec confiance et se féliciter de pouvoir ainsi commencer ses études sous la direction de l'ancien curé de sa paroisse natale.

En réalité, il n'en fut rien. M. Tavenaux, avec ses airs bourrus et ses façons communes (1), l'intimidait plus qu'il ne l'attirait, et, par la suite, quand Léon eut grandi et qu'il se fut rendu compte des idées du supérieur en matière d'éducation, sans se départir jamais de son attitude pleine de déférence et de respect, il comprit qu'il lui serait malaisé d'avoir de la sympathie et, plus encore, de l'affection, pour un homme qui vivait obstinément dans le passé, et ne semblait pas se douter que les choses s'étaient modifiées depuis la rentrée en France du roi Louis XVIII.

M. Tavenaux était, au plein sens du mot, un prêtre d'autrefois. Non pas qu'il eût été prêtre réfractaire pendant la Révolution, comme le racontait la légende, puisqu'au moment de la promulgation de la Constitution civile, il n'était pas encore né ; mais, dans son esprit, dans sa parole, dans toutes ses manières d'être, il avait conservé quelque chose de l'ancien clergé

(1) On cite de lui ce mot épique : « Més amis, si on a des bonnes notes lundi, eh bien ! on aura du boudin... » Les élèves, qui ont partout le secret d'abréger d'une façon pittoresque les noms de leurs maitres, ne l'appelaient jamais que le « père Tau ». Le vénérable supérieur protestait parfois en lecture spirituelle, sans succès d'ailleurs, contre la familiarité de cette appellation, disant, non sans esprit, que son nom n'était pas une lettre de l'alphabet grec.

de France, j'allais presque dire de l'ancien Régime, avec ce que ce mot implique de qualités et de défauts. Il était entré dans les ordres au début de la Restauration, à une époque où le trône et l'autel, comme on disait alors, se prêtaient un mutuel appui, et où il était de bon ton de traiter par prétérition la période révolutionnaire et l'épopée napoléonienne. C'était le temps où les émigrés et les ultras, maîtres des honneurs et des sinécures, usaient et abusaient de la faveur royale, au point de justifier le mot célèbre : « Ils n'ont rien appris, rien oublié ».

M. Tavenaux était, à la vérité, un trop digne prêtre, sa foi était trop vive et sa vertu trop éprouvée pour qu'il eût eu à se reprocher les excès de zèle, les intempérances de conduite ou de langage, les abus de pouvoir dans lesquels s'étaient compromis, sous la Restauration, certains hommes d'Eglise, — évêques, prédicateurs ou simples curés. Mais il avait gardé, avec un soin jaloux, la plupart des idées qui étaient en vogue dans les séminaires à l'époque de son ordination. C'est dire qu'aucune des aspirations qu'on qualifiait alors de « libérales » ne trouvait grâce devant lui. Il s'attachait aux formes anciennes de la société, avec une touchante obstination. A la tête de la nation, un monarque ne devant de comptes qu'à Dieu ; et, au-dessous de lui, tout

un peuple de sujets soumis à la volonté
royale et n'ayant d'autre loi que cette volonté
même : telle était sa politique, laquelle, du
reste, pouvait se réclamer de Bossuet, et, plus
récemment, des livres de Joseph de Maistre et
du vicomte de Bonald. Politique assurément
digne de respect, mais qui constituait, néanmoins un véritable anachronisme, même sous
« le bon tyran » qu'était Napoléon III.

M. Tavenaux maudissait donc volontiers le
temps présent, et, avec lui, toutes les libertés
qui venaient de la Révolution et que l'Empe-
reur n'avait même pas songé à supprimer,
parce qu'il les avait trouvées dans l'héritage
de son oncle.

Bien qu'il fût, pour sa part, un humaniste
consommé, comme en témoignent les nombreux cahiers de vers latins et de vers grecs
qu'il laissa à la bibliothèque du petit séminaire (1), le vénérable supérieur avait peu de

(1) M. l'abbé M..., qui a vu et même lu ces cahiers de vers,
assure que, si le trait et l'inspiration y font souvent défaut,
ils sont du moins toujours corrects et témoignent d'une plume
prodigieusement facile.

M. Gillet certifie, au contraire, que la muse de M. Tavenaux
était vive et originale. Elle s'inspirait, disait-il, « de tous les
événements qui pouvaient faire battre le cœur du Français
et du prêtre catholique. Navarin et la Grèce affranchie,
Constantine emportée après un brillant assaut, la patrie
d'Augustin devenue française : tous ces souvenirs d'une gloire
si pure illuminaient tour à tour sa pensée et en faisaient

goût pour l'Université, avec qui cependant ses fonctions l'obligeaient à entretenir des relations presque quotidiennes. Il mettait, au contraire, tous ses soins, non pas seulement à former de bons séminaristes, mais encore à les immuniser, dirait-on, contre les leçons de critique et d'investigation personnelle que pouvaient leur donner les professeurs du collège.

L'un des traits de caractère du brave supérieur et où se révélait le mieux son antipathie pour tout ce qui était moderne, c'était l'horreur qu'il professait ouvertement pour les grades universitaires. Il ne voulait, à aucun prix, du baccalauréat pour ses séminaristes. Il disait souvent au père de Léon Dogny : « S'il devient bachelier, il ne sera jamais prêtre ! » Pour lui, il y avait incompatibilité absolue entre la vocation sacerdotale et l'humble diplôme qui est le couronnement normal des études bien faites. De la meilleure foi du monde, il s'imaginait qu'un séminariste pourvu de çe grade devait avoir la cervelle grisée par la vanité et l'orgueil, et que, par suite, toute flamme apostolique devait fatalement s'étein-

jaillir des flots de poésie ». (Abbé GILLET : *Discours de distribution de prix*, 4 août 1877).

Cette divergence d'appréciations ne pourrait cesser que par la publication des œuvres poétiques de M. Tavenaux. Mais qui osera jamais se risquer à l'entreprendre ?

dre en son cœur. Je reconnais qu'à cette époque le baccalauréat était chose rare dans les séminaires et que les jeunes gens qui l'avaient obtenu pouvaient avoir la tentation de renoncer à l'Eglise pour entrer dans une carrière libérale. Mais ceux qui étaient capables de succomber si facilement à une tentation si grossière méritaient-ils qu'on les regrettât ?

L'orgueil était le grand ennemi contre lequel M. Tavenaux dirigeait tous ses efforts. Il le poursuivait chez les séminaristes sous toutes les formes où il pouvait se présenter. Il combattait à outrance tout ce qui, dans leurs vêtements, lui paraissait coquetterie, et je ne voudrais pas jurer que, dans son zèle, il ne fît la guerre à la propreté comme à l'élégance (1).

Mais surtout, il mettait les jeunes gens en garde contre les vaines satisfactions de l'intelligence. A ses yeux, le prêtre idéal était celui

(1) M. l'abbé M..., qui a été élève de Charleville sous le régime institué par M. Tavenaux, m'a donné à cet égard des détails savoureux qui valent d'être consignés ici.

L'uniforme consistait dans une ample redingote à col de velours, et en un pantalon très large, de coupe vulgaire et même hideuse. Néanmoins, c'était la mort dans l'âme que le supérieur avait sacrifié l'antique pantalon à pont-levis pour y substituer ce qu'il appelait le pantalon *mondain*. Mais le chapeau, à lui seul, était un chef-d'œuvre de laideur. Le règlement voulait qu'il fût très haut et très volumineux, et quand les séminaristes, ainsi affublés, passaient par les rues de la ville pour aller en promenade, ils excitaient qui était capable de comprendre le latin du bréviaire ou du missel, mais s'abstenait de toute incursion dans le domaine des sciences profanes.

Avec de telles dispositions, est-il nécessaire d'ajouter qu'au lieu de stimuler l'ardeur du jeune Dogny, M. Tavenaux s'appliquait plutôt à l'enrayer et à lui faire toucher du doigt l'inanité des connaissances humaines.

Heureusement, il est rare qu'une telle pression, même inspirée par les motifs les plus louables, réussisse auprès des élèves bien doués. En tout cas, celui-ci, avec les aptitudes exceptionnelles qui ont déjà été signalées, se plaça d'emblée à la tête de sa classe, et il y resta jusqu'à la fin de ses études. Dans les classes supérieures, grâce à sa mémoire et à la sûreté de son goût littéraire, il obtint des succès tout à fait dignes d'envie. Chaque année, il revenait de la distribution des prix, les bras chargés de volumes et de couronnes qui attes-

l'hilarité des gens accoudés à leur fenêtre ou assis sur le seuil de leur porte. M. M... confesse même qu'un jour il entendit une dame dire à sa fille : « Dieu ! qu'ils sont laids ! »
Le comble était que les élèves de rhétorique, qui portaient la soutane, le dimanche, en vue du grand séminaire, auquel ils se destinaient, étaient contraints de sortir ce jour-là avec le chapeau d'uniforme. Un tel couvre-chef sur une soutane : il y avait de quoi épouvanter tous les moineaux de la vallée de la Meuse !...

taient la supériorité de son intelligence et son application au travail (1).

De tant de lauriers, si vaillamment conquis, il ne tirait aucune vanité. Et nul n'était plus gauche ni plus embarrassé que lui, quand, sous les applaudissements de l'assistance, il gravissait l'estrade pour recevoir des mains d'un personnage officiel son neuvième ou dixième prix. Il rentrait à la maison confus, presque honteux de son triomphe, et il recommandait à ses parents de cacher tous ses volumes à tranches dorées pour ne pas humilier un de ses compatriotes, qui, moins heureux que lui, était revenu de la distribution les mains à peu près vides.

C'eût été miracle qu'un garçon si studieux ne profitât pas des vacances pour développer et accroître encore les connaissances qu'il avait rapportées du séminaire. N'ayant aucun attrait pour la vie des champs, — comme on a déjà eu l'occasion de le dire, — il lisait, avec le soin le plus scrupuleux, tous les ouvrages, généralement utiles et bien choisis, qui lui avaient été donnés en récompense. Cette lec-

---

(1) Les palmarès du collège, conservés dans les archives du lycée de Charleville, attestent que Léon Dogny eut tous les ans le prix d'excellence. En rhétorique, il obtint, outre un premier accessit en discours latin au concours académique, cinq premiers prix et quatre seconds prix. Je dois ce renseignement à l'obligeance de M. Lemaigre, proviseur du lycée de Charleville.

ture, qu'il faisait au jardin, tandis que sa famille était aux champs, lui procurait de longues et profondes jouissances. Quand la provision était épuisée, il explorait la bibliothèque de M. le curé, le vénérable M. Viard, qui devait être plus tard curé de Saint-Thomas de Reims et mourir chanoine de la Métropole. Ce prêtre, d'une bonté et d'une charité qui sont demeurées légendaires partout où il a exercé le ministère, dédommageait amplement notre séminariste des rebuffades qu'il avait endurées de la part de M. Marteau. Malheureusement, sa bibliothèque n'était pas aussi riche que son cœur. D'autre part, les occupations pastorales, sans parler de la médiocrité de ses ressources, ne lui permettaient pas de la renouveler. C'est pourquoi Léon, surmontant sa répugnance pour tout exercice physique, se mettait en route pour Charleville, et il allait demander à la bibliothèque municipale les livres qui lui manquaient à la maison paternelle. C'est ainsi que ce jeune homme, dont la gravité était précoce et la curiosité toujours éveillée, passait le temps de ses vacances à se familiariser avec les grands classiques français et à étudier, pour son propre plaisir, les ouvrages historiques les plus réputés.

Il n'est pas étonnant, après cela, que, dès la rhétorique, il ait exprimé à ses parents le désir d'être un jour professeur. Il ne cachait pas ses sentiments de profonde estime pour ses maîtres du collège. Quelques-uns même, notamment le professeur d'histoire et celui de rhétorique, frappés de la richesse exceptionnelle de ses facultés, et témoins de son bon vouloir, l'avaient pris en affection. Ils lui prêtaient des livres et lui prodiguaient leurs encouragements en vue du professorat. Toutefois, sentant la solidité de sa vocation, ils se gardaient bien de le détourner de cet idéal religieux. Leurs conseils se bornaient à stimuler son ardeur pour l'étude et à diriger sa jeune ambition vers les grades universitaires. La suite de ce récit montrera que Léon Dogny resta fidèle à ces leçons et que, sans rien sacrifier de sa piété et de ses aspirations sacerdotales, il réussit à devenir un professeur émérite au service de l'Eglise et de l'enseignement libre.

*
**

Parmi les professeurs laïques qui, au collège de Charleville, comptèrent Léon Dogny au nombre de leurs élèves, plusieurs méritent une mention spéciale, parce que, aujourd'hui encore, leur nom évoque à l'esprit de ceux qui les ont connus, des figures originales.

Le professeur de quatrième, M. Perette, était exactement le type du régent de jadis. Il en avait d'abord la gravité un peu solennelle dans l'exercice de ses fonctions ; il en avait aussi, quand il le fallait, la rigoureuse inflexibilité : on le savait inexorable. Toutefois, il convient de noter que le mécontentement ne lui faisait rien perdre de sa dignité. C'est au point qu'il n'infligeait ni une mauvaise note, ni un pensum, sans énoncer auparavant, d'un ton sentencieux, le célèbre distique :

Principiis obsta ; sero medicina paratur,
Cum mala per longas invaluere moras.

Suivait alors l'énoncé de la note infamante ou du pensum justicier. Or, il advint, — à quoi tient l'autorité d'un professeur ? — il advint un jour qu'un fâcheux lapsus détruisit le prestige du vénérable M. Perette. Comme il lisait un passage de Virgile, et notamment ce fragment de vers :

Flammarumque globos...

il prononça, malheureusement :

Flammarumque JOBOS.

C'en était fait désormais de son nom patronymique ! La malice des élèves l'avait à jamais baptisé de l'inoffensif surnom de « Jobos ». On ne l'appela plus, dans la suite, entre écoliers et peut-être ailleurs, que le père Jobos. C'est le même Jobos, — pardon ! le même M. Perette — qui, chargé d'enseigner l'histoire romaine, dictait impitoyablement, pendant deux heures consécutives, une compilation fort indigeste, dont le fond et peut-être la forme étaient empruntés au bon Rollin. Mais son autorité était si solidement établie, que pas une de ses victimes ne se serait avisée de protester.

La chaire de rhétorique était occupée par M. Hubert. Ceux qui l'ont connu s'accordent à déclarer que c'était un esprit fin, délicat même et doué d'un goût exquis. C'est cette délicatesse sans doute, et le charme un peu maniéré de sa personne, qui lui valaient une véritable popularité auprès des élèves. Il était l'idole des séminaristes, aussi bien que des collégiens. Il avait, à tout le moins, ce qui ne manque pas de séduire chez un maître, l'enthousiasme et la ferveur professionnelle. L'explication des *Conciones* le transportait d'aise. Il s'imaginait debout, sur les Rostres, haranguant le peuple-roi. Et cette douce illusion le consolait, je gage, de la monotonie de l'existence. Du reste, ces *Conciones* ne servaient pas uniquement à lui faire revivre les émotions du Forum ; il en faisait copier des fragments, en manière de pensum, aux élèves distraits ou paresseux ; et, sans doute, espérait-il, par ce moyen détourné, propager le culte des orateurs latins.

Il avait, au surplus, comme on dit, d'autres cordes à son arc. Journaliste à ses heures, il collabora longtemps au *Courrier des Ardennes* ; auteur d'une géographie régionale, *la Géographie des Ardennes,* il devait terminer ses jours dans l'apaisante société des livres, à la bibliothèque municipale de Charleville. Il fut un bibliothécaire parfait. On conte... mais on n'en finirait pas, s'il fallait consigner ici tous ces vieux souvenirs qui, longtemps après, mettaient en gaîté l'âme de M. Dogny.

Les mathématiques étaient enseignées au collège de Charleville par M. Barbaise. Personne ne mettait en doute sa compétence en cette aride matière. Mais il y avait en lui quelque chose de l'automate, et le ton monotone avec lequel il énonçait les axiomes de géométrie et distribuait les punitions fatiguait ses jeunes et impatients auditeurs. C'était, d'ailleurs, un homme accommodant et plein d'indulgence : il permettait volontiers qu'on fît des vers latins et même français, à la condition toutefois de ne pas troubler la classe. Mais Léon Dogny n'était pas de ceux que la muse distrayait des doctes enseignements de M. Barbaise. Il s'y intéressait, au contraire, d'une façon méritoire pour un littérateur. Le croirait-on ? il réussissait particulièrement en histoire naturelle. Mais en quelle branche du savoir humain n'était-il pas apte à réussir ?

Les collègues de M. Barbaise, de M. Hubert
et de M. Perette avaient sans doute une physionomie moins originale, puisqu'aucun témoignage écrit, du moins à notre connaissance, n'en a perpétué le souvenir. Mais il y
aurait injustice à ne pas mentionner ici le nom
du Principal, M. Malard. C'était un brillant
agrégé des lettres, qui paraissait fait pour occuper un poste plus éclatant ; mais, pour des
raisons que j'ignore, il avait été envoyé en disgrâce au collège de Charleville, où, d'ailleurs,
chacun rendait justice à la rare distinction de
son esprit.

Au fond, ces maîtres laïques étaient pour
leurs élèves, collégiens ou séminaristes, des
éducateurs pleins de zèle et des professeurs
remarquablement instruits et dévoués. A la différence de tant de professeurs ecclésiastiques
qui passent, sans transition, d'un vicariat ou
d'une cure de campagne à une chaire de grammaire ou de littérature et sont forcés d'apprendre, au jour le jour, ce qui doit faire la
matière de leur enseignement, ces universitaires étaient des professeurs de vocation, des
hommes de savoir et de goût, qui, au travail
incessant et quotidien, ajoutaient, pour la plupart, le fruit d'une longue expérience. Leur
influence fut décisive sur Léon Dogny, et c'est
peut-être à leurs exemples et à leurs conseils

qu'il dut de devenir à son tour l'un des maîtres les plus en vue du diocèse de Reims.

*
* *

Le personnel du petit séminaire était beaucoup plus restreint que celui du collège. Le supérieur n'avait guère que deux collaborateurs : un jeune prêtre, à qui l'on confiait un cours préparatoire destiné à mettre les enfants trop jeunes ou les retardataires en mesure de suivre avec fruit les classes du collège. En 1858, ce professeur était, on l'a vu, M. Charderon : il eut pour successeur M. l'abbé Allaire, qui n'était encore que tonsuré, mais qui devait plus tard se distinguer comme vicaire de la cathédrale, par sa verve oratoire et son talent musical.

Le véritable lieutenant de M. Tavenaux était M. l'abbé Millet, ancien curé de Montcy. Il était venu d'abord au séminaire, en qualité de voisins, pour confesser les élèves et leur donner des leçons de chant. Peu à peu, il avait pris pied dans la maison, et, l'un des directeurs étant tombé gravement malade, il avait été choisi pour lui succéder. C'était, paraît-il, un prêtre excellent, passionné pour l'archéologie et très attaché à tous les élèves en général, mais plus particulièrement à ceux qui lui avaient confié la direction de leur conscience.

M. Dogny était justement l'un de ses pénitents et, entre le directeur et le dirigé, s'étaient noués les liens d'une vive affection. Plus tard, quand M. Dogny, devenu prêtre, passait par le séminaire de Charleville, les élèves n'étaient pas seuls à l'accueillir avec de bruyantes démonstrations d'amitié. M. Millet, dont le cœur restait jeune, sous des abords un peu froids, lui faisait toujours fête et le traitait avec la plus tendre prédilection.

Vers la fin de son supériorat, M. Tavenaux étant devenu aveugle et ne pouvant plus guère diriger la maison d'une façon effective, on lui donna, comme coadjuteur avec future succession, M. l'abbé Juillet. Celui-ci entra en charge, aussitôt après la mort de M. Tavenaux, survenue le 4 mai 1864. M. Dogny ne l'eut donc pour supérieur que durant quinze mois. « Au système un peu vieilli de son prédécesseur, M. Juillet fit succéder une période de brillante animation : impulsion donnée aux études scientifiques, à la musique, au chant, entraînement joyeux dans les récréations et les promenades, tout concourut à faire de cette époque un temps de rénovation pour le séminaire » (1).

M. Gillet, à qui nous empruntons ce témoignage, parle encore « de l'action puissante

(1) M. l'abbé GILLET : *Vie de Mgr Garot*, p. 359.

exercée par la parole de l'aimable supérieur ». Mais, sur ce point, je dois dire que j'ai eu entre les mains d'autres témoignages d'anciens élèves, lesquels sont moins laudatifs : « Chez M. Juillet, lit-on dans une note manuscrite, la valeur personnelle résidait surtout dans sa belle prestance. Il prêchait longuement et solennellement, ayant toujours l'aumusse sur le bras, comme s'il eût voulu jouer à l'évêque, et le thème qui lui était le plus familier, c'était le respect, — sans doute le respect vis-à-vis de Dieu, et aussi vis-à-vis du supérieur !... »

Mais cette épigramme, où perce un peu trop l'amer souvenir de quelque punition justement encourue, n'empêcha pas M. Juillet d'être un très digne supérieur, et de terminer une carrière fructueuse pour l'Eglise dans la stalle de doyen du chapitre de la cathédrale, et avec les honneurs de la prélature romaine.

CHAPITRE III

Philosophie au petit séminaire de Reims
(1865-1866)

On nous pardonnera de nous être attardé à
retracer, avec quelque complaisance, le milieu
à la fois universitaire et ecclésiastique où
s'écoula la jeunesse studieuse de Léon Dogny.
Il était bon, nous semble-t-il, d'essayer de faire
revivre, au moins en une rapide esquisse, ces
physionomies de prêtres et de laïques, qui furent pour notre jeune homme des maîtres
d'une rare compétence et d'un inlassable dévouement.

On ne nous en voudra pas de les avoir présentés au lecteur, les uns à côté des autres, sans
ordre et sans choix, et d'avoir fait, pour ainsi
dire, voisiner la soutane et la redingote, puisque aussi bien M. Dogny ne séparait jamais ces
hommes de devoir dans l'expression de son
respect et de sa gratitude.

Quand il eut terminé sa rhétorique et qu'il
fut rentré à la maison paternelle, au mois
d'août 1865, avec les nombreux prix qui at-

testaient l'éclat de ses succès, il dut, comme ses camarades qui se destinaient au sacerdoce, se préparer à aller faire sa philosophie au petit séminaire de Reims. Il y entra au mois d'octobre.

Ce transfert, au terme des études, était, paraît-il, toujours très pénible aux séminaristes de Charleville. Il leur était désagréable de quitter le cadre un peu austère, mais depuis longtemps familier, où ils avaient fait leurs classes de grammaire et d'humanités, pour aller dans la ville archiépiscopale, que la plupart d'entre eux n'avaient jamais visitée, et vivre dans une maison où les gens et les êtres leur étaient inconnus. Ces Ardennais, transplantés en Champagne, gardaient au cœur la nostalgie du pays natal. Ils s'y sentaient dépaysés, j'allais dire déracinés. Le petit séminaire de Reims, récemment construit par M. Lambert, était alors dans tout l'éclat de sa jeunesse. Les bâtiments étaient grands, spacieux et d'aspect accueillant. N'importe. Les séminaristes venus de Charleville regrettaient toujours un peu les constructions incommodes, la cour étroite aux arbres rares qu'ils avaient laissées sur les rives de la Meuse. Là-bas, ils étaient chez eux, tandis qu'à Reims ils avaient l'air d'être les hôtes de leurs condisciples de la Marne.

Léon Dogny était trop bon élève pour s'abandonner longtemps à ces inutiles regrets ; et je n'ai pas besoin d'ajouter qu'il trouva dans le travail et dans l'esprit de foi qui inspirait toute sa conduite, l'énergie nécessaire pour faire bon visage aux menus ennuis de sa nouvelle situation.

Le supérieur du petit séminaire était M. Lambert, l'une des personnalités les plus vigoureuses qui se soient révélées dans le clergé de Reims, au cours du XIXe siècle. Il avait fait ses premières armes d'éducateur au collège de Charleville, et, comme après 1830 il avait refusé de prêter le serment à la Monarchie de Juillet (1), l'Archevêque l'avait mandé à Reims pour lui confier la direction du petit séminaire. C'était un homme d'un rare mérite, dont tout le monde appréciait la compétence, non seulement dans les questions pédagogiques, mais encore dans les affaires administratives. Ce petit homme replet, au regard perçant, à la voix cuivrée, exerçait sur son entourage un extraordinaire ascendant. Quand je le vis pour la première fois, c'était en novembre 1866. Depuis quelques mois, il avait pris sa retraite, avait résigné la plupart de ses charges, et, en

---

(1) On connaît sa fière réponse à l'inspecteur qui lui demandait de déclarer qu'il prêterait le serment exigé : « Allez dire à celui qui vous envoie que Nicolas-Joseph Lambert a refusé le serment ». (*Notice biographique de M. Lambert*, par l'abbé X. COLAS, p. 20).

attendant la mort, vivait solitaire dans une
petite maison contiguë au jardin du séminaire.
Eh ! bien, je me souviens que, lorsque ce vieillard, à la démarche encore ferme, traversait
nos cours, examinant tout d'un œil fouilleur,
les jeux s'interrompaient brusquement, les rires cessaient sur son passage, et, muets d'une
crainte révérentielle, nous le regardions s'en
aller, avec l'obscure intuition du grand air
d'autorité qui se dégageait de toute sa personne.

Mais, comme l'a fait justement remarquer
M. Tourneur en une page émue, ce prêtre éminent, d'aspect si grave, d'abord presque rude,
et sur qui pesaient de si lourdes responsabilités, cachait en son cœur de véritables trésors
de miséricorde et de mansuétude. Les élèves
n'entraient chez lui qu'en tremblant ; mais,
après quelques minutes d'un tête-à-tête où la
confiance appelait la bonté, ils sortaient toujours le visage épanoui.

Le directeur de la maison, M. Périn, était
l'antithèse vivante de M. Lambert. Chez lui,
rien de cette énergie un peu intimidante qui
caractérisait le vieux supérieur et donnait à
ses moindres paroles un air de commandement. M. Périn se distinguait surtout par sa
bonté, sa douceur, son inépuisable urbanité.
Chargé de faire observer la règle, il trouvait le
moyen de la rendre aimable, et quand, par

hasard, il était obligé de faire appel à toutes les sévérités de la justice, on sentait que c'était comme à regret et à contre-cœur, et que les punitions et les reproches répugnaient à l'exquise délicatesse de son âme un peu féminine.

Sous la direction de ces deux hommes qui se complétaient pour ainsi dire l'un l'autre, je me figure aisément que l'année s'écoula sans incident pour Léon Dogny, et que, par la solidité de sa piété, son irréprochable conduite et son application au travail, il mérita l'estime et l'affection de ses nouveaux supérieurs.

Il était de tradition au petit séminaire de Reims, et cela depuis la fondation de la maison, que la surveillance dans les études et dans les dortoirs fût faite par des élèves. Le supérieur désignait en conseil les quatre ou cinq élèves qu'on jugeait les plus aptes à maintenir la discipline et leur conférait le titre de « Présidents ». D'ordinaire, c'étaient des jeunes gens d'esprit plus mûr, d'une conduite éprouvée, et, en même temps, d'une valeur intellectuelle reconnue de tous, qu'on appelait ainsi à l'honneur de surveiller leurs camarades, et, après avoir vu fonctionner ce système pendant huit ans, je dois dire qu'il donnait les meilleurs résultats. Ces jeunes surveillants prenaient leur rôle au sérieux et faisaient respecter la règle partout, à l'étude, au réfectoire, au dortoir et sur les rangs, sous le contrôle, bien entendu, du directeur chargé de la discipline générale. J'en ai même connu quelques-uns qui s'acquittaient de leurs fonctions avec une conscience tellement scrupuleuse qu'ils poursuivaient impitoyablement toute lecture faite en fraude. Avec eux, il n'était possible ni d'avoir dans son pupitre un livre qui ne fût pas autorisé, ni même de lire, en dehors des moments permis, les rares volumes qui étaient laissés à la disposition des élèves ; et, je puis bien le dire ici, cette vigilance incessante et tatillonne, pour empêcher les enfants de faire les lectures même les plus honnêtes et les plus utiles, est le seul mauvais souvenir que j'aie gardé contre nos Présidents d'étude. Si jeune que je fusse alors, je devinais confusément que ce caporalisme un peu étroit était préjudiciable à la dignité de la conscience, en même temps qu'au libre épanouissement des facultés de l'esprit.

Léon Dogny, bien qu'il fût, sans conteste, le plus brillant élève de philosophie, ne fut pas nommé Président d'étude. Outre qu'il était nouveau dans la maison, j'imagine que M. Lambert devina en lui, de prime abord, un caractère trop naturellement enclin à l'indulgence et à la bonté, pour qu'il ait songé à en faire un gardien officiel de l'ordre et de la discipline.

Notre philosophe y gagna de pouvoir se li-

vrer plus complètement à sa passion pour
l'étude, et ce fut tout profit pour sa classe de
philosophie.

Bien que l'Ecriture nous défende de louer
les vivants, on ne m'interdira pas, je l'espère,
de dire ici tout le bien que je pense du maître
distingué, au savoir ample et précis, à l'âme
noble et haute, qu'était le professeur de philosophie de 1865 et que je devais retrouver pour
mon compte huit ans plus tard, en 1873. Ce
professeur était M. Colas, aujourd'hui chanoine
de la Métropole de Reims. J'ai gardé de son
enseignement un inoubliable souvenir. Sa besogne était multiple. — Il était chargé d'enseigner, tout à la fois, la philosophie, l'histoire,
les mathématiques, la physique et la chimie, la
cosmographie, et, en outre, il faisait chaque
semaine à ses élèves un cours d'instruction
religieuse. Où trouvait-il le temps de préparer
des classes si diverses, de corriger, le matin,
des dissertations philosophiques, et, le soir, des
problèmes de physique ? Je me le suis toujours demandé sans avoir pu trouver une
réponse satisfaisante. Il fallait qu'il eût une
tête encyclopédique et que, surtout, il empiètât
sur ses nuits pour suffire à une si absorbante
tâche.

A vrai dire, ses classes ne se ressemblaient

pas. Si, le matin, sa parole était grave et recueillie, mystérieuse presque, pour expliquer
un point de psychologie ou de logique, il n'en
allait pas tout à fait de même, le soir, quand
il nous conduisait au cabinet de physique
pour faire devant nous certaines expériences.
La manipulation des instruments avait le privilège d'exciter sa verve et de provoquer parfois, surtout lorsque l'expérience réussissait
bien, des saillies d'une étourdissante gaîté, qui
nous mettaient tous en joie et donnaient à la
classe une physionomie un peu insolite et presque tumultueuse, dont s'effarouchait le bon
M. Périn.

Au demeurant, c'était un maître, au vrai
sens du mot. Nous aimions la netteté de ses
exposés philosophiques, et sa parole toujours
claire, précise, tour à tour ironique ou vi-
brante, nous faisait aimer les diverses sciences
qu'il avait mission de nous enseigner.

J'ajoute que, hors de la classe, il se montrait
bon, affable, accueillant pour tous, et, qu'en
toutes circonstances, on pouvait faire appel à
ses lumières et à ses conseils, sans crainte de
l'importuner.

En 1865, c'est-à-dire en un temps où le baccalauréat ne comportait qu'un seul examen
après la philosophie, M. Colas était condamné,
par les programmes universitaires, à faire une
révision rapide des matières enseignées en se-

conde et en rhétorique, de telle sorte que les trois littératures classiques, y compris les explications d'auteurs, venaient s'ajouter à l'essentiel de sa fonction. Mais, son esprit alerte n'en était pas décontenancé, et il trouvait sans peine le moyen de satisfaire à ces diverses obligations.

Sa classe comptait environ quarante élèves, en y comprenant, bien entendu, ceux qui arrivaient de Charleville. Il y avait, parmi ces jeunes gens de dix-huit à vingt ans, plusieurs sujets de choix, tels que MM. Payer et Broyé, — pour ne parler que des morts, — qui s'étaient déjà signalés par de réelles aptitudes pour les lettres. Mais, bien au-dessus d'eux et avec une supériorité marquée, se tenait Léon Dogny. Voici le témoignage que lui a rendu M. Colas lui-même, dans une récente lettre :

« Vous me demandez quels sont mes souvenirs sur M. Dogny. Ils sont on ne peut meilleurs. Jeune homme mûr et consciencieux, élève travailleur, attentif et respectueux, en même temps qu'intelligent et ami des lettres, il était assuré de remporter les plus beaux succès. Je n'ai pas retrouvé le palmarès de 1866 ; mais j'ai sous les yeux ses notes hebdomadaires de toute l'année : elles sont constamment les plus élevées, se distinguant même de toutes les autres ».

Entrant ensuite dans le détail, M. Colas ra-

raconte qu'une ardente émulation régnait parmi les plus forts, que les premières places étaient chaudement disputées et que, pour les compositions de philosophie, par exemple, certains élèves, dont la plume était particulièrement abondante, lui remettaient des copies de sept ou huit pages. Le talent de Léon Dogny était plus discipliné. Homme de goût avant tout, il savait faire, à propos de chaque sujet, un plan logique et bien ordonné, et quand il avait trouvé les lignes maîtresses de la question, il rédigeait ses développements dans un ordre plein de symétrie et dans une langue sobre, limpide et élégante : qualités toujours précieuses, même chez un jeune philosophe et qui, d'une façon à peu près invariable, lui assuraient la première place.

Dès lors, est-il surprenant qu'il n'ait pas hésité à se présenter au baccalauréat avec sept ou huit de ses camarades ? Ils furent tous brillamment reçus, tant était sérieuse la formation intellectuelle qui leur avait été donnée, soit au petit séminaire de Reims, soit au collège de Charleville. Je regrette de ne posséder aucun document sur l'examen de Léon Dogny ; mais je suis convaincu que, soit à l'écrit, soit même à l'oral, il impressionna très favorablement les professeurs de la Faculté.

Il est bien probable aussi qu'à son retour il rencontra certains critiques moroses, dont l'es-

pèce n'est pas tout à fait perdue, qui lui firent
grief de s'être présenté, lui séminariste, devant
un jury d'Etat, et qui augurèrent mal d'une vocation qui s'exposait ainsi à toutes les tenta-
tions de l'orgueil ; mais il laissa dire et resta
toujours reconnaissant à M. Colas et à ses professeurs de Charleville de l'avoir mis en mesure de remporter cette première victoire.

Déjà, du reste, un courant nouveau se des-
sinait dans le clergé, à Reims comme ailleurs.
M. Bicil, au grand séminaire, poussait volontiers aux études supérieures les jeunes clercs
en qui il devinait certaines aptitudes littéraires ou scientifiques. M. Colas faisait de
même pour ses élèves, et le jeune et brillant
archevêque, qui devait, quelques mois plus
tard, succéder au cardinal Gousset, allait pareillement, avec l'autorité de sa charge et l'influence de son mérite personnel, favoriser
ce goût pour les grades universitaires et y
chercher une garantie de plus pour le bon
renom et le prestige du clergé.

Il serait encore injuste de ne pas rappeler
ici que M. Gillet, devenu supérieur du petit
séminaire de Reims, n'hésita pas, avec la fran-
chise courageuse qui lui était habituelle, à
orienter les séminaristes vers la poursuite des
grades :

« Cueillez, leur disait-il un jour de distribution
de prix, cueillez tous les lauriers qui se présen-

teront à votre portée ; sachez conquérir les diplômes dont on est fier dans le monde, car une décoration sur la poitrine d'un officier, c'est toujours un honneur pour son régiment et pour son drapeau ». (1).

N. B. — *Au dernier moment, et quand il n'est plus possible de remanier le texte imprimé, je reçois la note suivante, qui rectifie très heureusement une erreur de fait contenue dans ce chapitre. — « M. Dogny n'a pas passé son baccalauréat après sa philosophie, mais après sa rhétorique, quand il était encore à Charleville. Il se présenta en fraude, et voici comment. Le ministre Fortoul, par décret du 10 avril 1852, obéissant à je ne sais quelle mesquine défiance, avait considérablement réduit le programme de la philosophie pour le baccalauréat, ne laissant guère subsister que la logique. (La philosophie ne fut rétablie que plus tard, sous le ministère Duruy). Or, quand Léon Dogny terminait sa rhétorique, le programme Fortoul était encore en vigueur. Deux professeurs du collège, MM. Hubert et Boissard, voyant en lui un sujet d'élite, lui donnèrent quelques soins particuliers en vue de l'examen et à l'insu de M. Juillet. Dogny se présenta et fut reçu avec distinction. Mais au lieu de le féliciter de ce succès, M. Juillet lui marqua un très*

---

(1) Cité par l'abbé Béguin : *Vie de M. l'abbé Gillet*, p. 69.

vif mécontentement, et c'est peut-être là qu'il faut chercher l'explication des difficultés auxquelles devait se heurter M. Dogny dès le début de sa carrière de professeur. On eût pu croire que l'ancien supérieur, devenu vicaire général, ne lui avait pas pardonné son diplôme de bachelier ».

CHAPITRE IV

Au grand séminaire de Reims. — L'Ordination sacerdotale (1866-1871)

Malgré les prévisions un peu maussades de M. Tavenaux, Léon Dogny ayant obtenu son diplôme de bachelier, n'hésita pas un instant sur la voie qu'il allait suivre. Sans doute, il se trouva autour de lui des gens pour lui représenter qu'avec ses capacités, il pouvait se faire une carrière honorable et même distinguée dans l'Université. Peut-être même lui fit-on entrevoir qu'il lui serait facile de faire sa trouée dans la presse comme tant d'autres l'avaient faite, et de vivre de sa plume qu'on savait élégante et bien taillée. Mais notre séminariste se souvenait des promesses qu'il avait faites à Dieu dans l'intimité de son cœur ; et c'est pourquoi, sans écouter les suggestions de l'amour-propre et de la flatterie, il alla frapper, au mois d'octobre 1866, à la porte du grand séminaire de Reims.

La chère et vieille maison, qui abrita la jeunesse fervente de tant de générations sacerdotales, n'était pas, à cette époque, ce qu'elle est devenue plus tard, quand le zèle de M. Bieil l'eut agrandie et un peu embellie. Elle était alors, si l'on peut dire, dans tout l'éclat de sa vétusté. Pourtant, si les murailles étaient noires, si les corridors étaient obscurs et les cellules très pauvres, il régnait parmi les séminaristes cet air de contentement qu'on a fort justement appelé « l'allégresse des enfants de Dieu ».

C'est qu'en effet l'administration était paternelle et douce, et que ces Messieurs de Saint-Sulpice, qui dirigeaient le séminaire depuis la reconstitution du diocèse, en 1822, apportaient, là comme ailleurs, ce respect des consciences, ce dévouement de tous les instants, à quoi l'on reconnaît toujours les fils de M. Ollier.

Le vénérable M. Manier remplissait les fonctions de supérieur. Il était digne à tous égards de cette haute mission. Professeur au séminaire d'Issy, vingt ans auparavant, il avait compté Renan parmi ses élèves. Depuis, il avait résumé son enseignement dans deux traités, l'un de philosophie, rédigé en latin et devenu classique dans la plupart des séminaires ; l'autre de psychologie, écrit en français, d'une plume alerte et souvent élégante. C'était, comme on l'a dit, un esprit très fin et très délié, dans un corps d'ascète à la Malebranche.

« Peut-être était-il plus fait pour les hautes spé-
culations philosophiques, que pour le gouvernement d'une maison de jeunes clercs. Mais sa
direction était douce, bienveillante et même
paternelle, encore qu'il fût pour son compte
un homme très austère, à l'esprit posé et réfléchi.

M. Ponchon était chargé d'enseigner la morale. C'était, au physique, un petit homme vif
et bredouillant. Très pieux, du reste, et d'une
régularité qu'on citait en exemple, il avait l'esprit curieux, hardi, jusqu'à soutenir parfois
des thèses de morale dont s'était effarouchée,
disait-on, l'orthodoxie méticuleuse du cardinal Gousset, mais qui n'inspiraient aucun ombrage au libéralisme du nouvel archevêque,
Mgr Landriot.

La chaire de dogme était dévolue à M. Bieil.
Malgré sa jeunesse, — il avait à peine trente
ans, — c'était le professeur le plus en vue du
séminaire et celui qui exerçait le plus grand
ascendant sur les élèves. Comme l'a dit un
témoin, « il apportait dans sa chaire, avec un
grand amour pour la science sacrée, une raison
lumineuse et tranquille, une logique dont les
déductions serrées donnaient à son enseignement une rigueur scientifique, et enfin ce
charme puissant qu'ont certaines intelligences
d'élever tout ce qu'elles touchent et de captiver
les âmes par l'exposition de la vérité, parce

qu'elles savent en mettre la beauté en pleine lumière et en agrandir la perspective » (1).

M. Poux était un enfant de l'Auvergne, et il avait gardé, dans son langage, la saveur et les étrangetés du terroir natal. Son enseignement était varié ; et, avec une aisance qui égayait parfois la malice des séminaristes, il passait de la chaire d'histoire de l'Eglise à celle d'Ecriture Sainte. Même, malgré un fâcheux bredouillement, qui provoquait parfois d'inextinguibles éclats de rire, il ne lui déplaisait pas, le cas échéant, de professer le cours d'éloquence sacrée. Au demeurant, c'était, — il convient de le reconnaître, — le meilleur homme du monde, d'une régularité exemplaire et d'un dévouement à toute épreuve au service de ses élèves.

Le vénérable M. Mansart était l'ancien, j'allais dire l'ancêtre de la maison. Tout le temps qu'il ne consacrait pas à l'explication des Psaumes ou du Cérémonial et aux exercices de piété, il l'employait volontiers à faire des calembours, dont quelques-uns circulent encore dans les presbytères de Champagne. Qui ne se rappelle aussi cette vaste tabatière, aux dimensions d'un petit cercueil, où tout

(1) *L'Avenir de Reims*, fév. 1898. Cité par Mgr LACROIX, dans les *Notes et Souvenirs sur M. Bieil, directeur de Saint-Sulpice* (chez Lethielleux)

le clergé, depuis l'Archevêque, Mgr Landriot, jusqu'au plus humble des séminaristes, avait une fois ou l'autre puisé ? L'Archevêque, qui n'était pas l'ennemi de la gaieté,
témoignait à M. Mansart une prédilection
singulière pour les bons moments qu'il avait
passés en sa compagnie. Aussi ne fut-on pas
surpris quand, dans un geste d'une sponta-
néité charmante, il jeta sur les épaules de ce
vieillard la pourpre des chanoines de la Métropole. La modestie traditionnelle de Saint-
Sulpice subit, ce jour-là, un terrible assaut ;
mais la volonté formelle de l'Archevêque pré-
valut. Tout le diocèse, et surtout les séminaristes, applaudirent à cette distinction qui était
la juste récompense d'un demi-siècle de vertus
sacerdotales.

Il y aurait injustice à ne pas évoquer aussi
la figure de ce prêtre, si humble mais d'esprit
si alerte et si fin, qu'était l'économe, M. Lou-
radour. Il se défendait de toute compétence,
en dehors de la provision de choux, de haricots
et de pommes de terre, dont il avait besoin
pour nourrir les professeurs et les élèves. Mais
ce petit homme, quand quelque mouche le
piquait, retrouvait brusquement toutes les
saillies spirituelles et les boutades pleines
d'ironie du pays gascon. Quelques-uns de ses
mots avaient fait fortune, et chacun savait
que, sous son apparente bonhomie, M. Lou-

radour cachait un cœur d'or, une intelligence avertie, et une promptitude à la riposte qu'il était sage de ne pas affronter.

Voilà quels furent les maîtres de M. Dogny, au grand séminaire de Reims, de 1866 à 1870. A distance, et sous le charme que prennent les souvenirs de jeunesse, on peut sourire de ce qu'on serait tenté d'appeler leurs innocentes manies. Mais il faut dire qu'en dépit de leur modestie, ils connaissaient à fond la science ecclésiastique, dont ils avaient assumé l'enseignement, qu'ils se dépensaient sans compter pour assurer le recrutement du clergé, aussi grands par le cœur qu'ils l'étaient par l'intelligence. Tels étaient les hommes profondément dévoués qui, à cette époque, avaient mission de diriger et de former la jeunesse cléricale du diocèse de Reims. C'étaient les mêmes, ou à peu près, que je retrouvai pour mon compte, quelques années plus tard, et je n'hésite pas à dire ici que je leur garde à tous une vive gratitude.

*
* *

Les renseignements précis me manquent, personne n'en sera étonné, pour dire ce que fut M. Dogny au grand séminaire. Mais tout ce que l'on sait déjà de lui autorise à penser qu'il se distingua entre tous ses condisciples par son amour de la règle et l'accomplissement scrupuleux de ses obligations de séminariste. Nul doute non plus qu'il ne se soit signalé par la façon dont il profita de l'enseignement de ses maîtres. Non pas, à dire vrai, que la tournure de son esprit le portât de préférence vers les études théologiques. La scolastique, en particulier, lui semblait bien aride, en comparaison des études littéraires qu'il avait faites à Charleville. Néanmoins, il se passionna, comme tous ses confrères, pour l'enseignement si clair, si méthodique, si captivant aussi de M. Bieil. Fut-il jamais de ces élèves de choix qui, à l'occasion de certaines fêtes, étaient appelés à argumenter, en séance publique, sur un point de dogme ou de morale ? Je l'ignore. Il est possible même qu'il ait échappé à cet honneur, autant par modestie qu'à cause de la difficulté qu'il éprouvait à s'exprimer en public. Pourtant, l'on m'a assuré que, lorsque c'était son tour de prononcer un petit sermon au réfectoire ou de faire, la veille de quelque fête religieuse, une causerie familière à la salle des exercices, tout le monde, maîtres et élèves, trouvaient ces petits morceaux charmants, d'un goût très sûr et d'une élégante simplicité.

A quels travaux se livra-t-il touchant l'histoire de l'Eglise ? Quelles époques furent, de sa part, l'objet d'une étude spéciale ? Sur ce point encore, je confesse mon ignorance. Mais comme les loisirs ne faisaient guère défaut au grand séminaire, surtout à cette époque, j'ai idée que, là comme ailleurs, M. Dogny fut un liseur infatigable, qu'il dévora les livres les plus intéressants de la bibliothèque réservée aux séminaristes, et qu'il trouva même le moyen de se faire prêter, par les professeurs, quelques grands ouvrages nouveaux d'histoire ou d'apologétique, dont il avait ouï parler et qui avaient piqué sa curiosité.

Les collections les plus volumineuses n'étaient pas pour l'effrayer. Il était capable, par exemple, d'aborder la série complète des numéros du *Correspondant,* et d'aller jusqu'au bout, ne négligeant que les articles d'ordre scientifique, qui lui inspiraient moins d'attrait, et emmagasinant tout le reste, philosophie, théologie, littérature, histoire, géographie et voyages.

— « Lectures indigestes, dira-t-on, parce que trop hâtives, et, par conséquent, sans profit pour le lecteur ». — L'objection, qui serait irréfutable pour la plupart des gens, ne porte pas quand il s'agit d'un homme doué, sous le rapport de la mémoire, comme l'était M. Dogny. Son cerveau était fait de telle sorte qu'il pouvait tout absorber, tout classer, sans qu'on devinât l'effort, et ce qu'il gardait de cet amoncellement de notions de toutes sortes, ce n'était pas seulement des bribes disparates, comme il arrive le plus souvent ; ni même certaines vues générales qui subsistent dans les têtes bien équilibrées. Pour lui, c'était l'ensemble et, très souvent aussi, le détail qui se fixait dans son esprit en traits précis et ineffaçables. Faut-il s'étonner, après cela, que M. Dogny se soit ainsi donné à lui-même, très rapidement et presque sans peine, une culture aussi solide que variée, et que, dès le début de son professorat, il ait émerveillé ses collègues autant que ses élèves, par l'extraordinaire richesse de ses connaissances ? Tout cela était chez lui le fruit d'une lecture sérieuse, réfléchie, méthodique, qu'il avait commencée dès son entrée au petit séminaire de Charleville, et qu'il n'avait, pour ainsi dire, jamais interrompue.

*
**

Appelé aux saints Ordres en temps voulu et avec les interstices d'usage, il fut ordonné par Mgr Landriot, qui avait succédé au cardinal Gousset sur le siège de saint Remi, au début de l'année 1867, et qui était alors dans tout l'éclat de sa santé et de son talent d'orateur et d'écrivain.

L'Archevêque trouvait plaisir à visiter son grand séminaire ; il vivait dans une sorte de familiarité avec les professeurs, et, quand il avait pris avec eux le repas de midi, il ne lui déplaisait pas de passer le temps de la récréation au milieu des séminaristes qui l'entouraient d'une respectueuse affection et l'assaillaient des questions les plus diverses. L'Archevêque, mis en joie par le contact de cette jeunesse, dont il louait le bon esprit et l'ardeur à l'étude, se complaisait dans ces entretiens qui lui rappelaient le temps où il avait été supérieur du petit séminaire d'Autun. Avec sa verve coutumière, entremêlée de bruyants éclats de rire, il égrenait, au hasard, ses souvenirs sur les personnages qu'il lui avait été donné de rencontrer ; ou encore, il faisait à ses jeunes auditeurs la confidence de ses travaux patristiques et les initiait aux rudes labeurs qu'il s'imposait chaque jour pour suffire à ses multiples tâches.

Curieux, comme il l'était, on devine que M. Dogny écoutait avidement les récits et les bons mots de son Archevêque. On peut affirmer qu'il ne laissait rien perdre ; et, en maintes circonstances, je l'ai entendu exprimer son admiration et sa reconnaissance pour l'abandon plein de charme que savait apporter M⁣ᵍʳ Landriot dans ses relations avec ses clercs. Il leur apparaissait, non pas comme un chef distant et lointain, mais comme un père très bon, supérieurement instruit, et qui, sans se soucier de la gloire qui s'était attachée à son nom, mettait au service de ses enfants de prédilection le fruit d'une immense lecture et d'une longue expérience.

L'ordination sacerdotale de M. Dogny se fit en juillet 1870, dans les conditions les plus émouvantes. Mgr Landriot était revenu de Rome aussitôt après la proclamation du dogme de l'Infaillibilité Pontificale ; et tout le clergé, avec les élèves du petit et du grand séminaire, était allé l'attendre en procession dans la cour de la gare. Le gros bourdon du cardinal de Lorraine jetait dans l'air ses notes puissantes et harmonieuses ; mais, ce jour-là, l'allégresse n'était ni sur les visages, ni dans les cœurs. Une anxiété patriotique nous étreignait tous, si jeunes que nous fussions, parce que nous savions que, quelques jours auparavant, la guerre avait été déclarée à l'Allemagne. Les hostilités n'étaient pas encore commencées ; mais un malaise lourd et profond pesait sur toutes les consciences.

L'ordination traditionnelle de la Trinité ne s'était pas faite, cette année-là, à cause de l'absence de l'Archevêque. Mais, à peine de retour dans sa ville archiépiscopale, Mgr Landriot s'empressa de conférer les saints Ordres aux séminaristes qui lui étaient présentés par les directeurs du séminaire. M. Dogny fut de ceux qui reçurent la prêtrise. Je voudrais avoir de lui une lettre, un document quelconque, qui fût le témoignage matériel des sentiments de piété profonde et de foi ardente dont il était animé en cette circonstance solennelle et décisive ; mais à défaut de confidences manuscrites, lesquelles répugnaient à l'humilité de M. Dogny, toute sa vie, c'est-à-dire quarante ans de sacerdoce, est là pour attester que nul ne fut plus soucieux que lui de l'honneur de sa prêtrise, que nul aussi ne se montra plus fidèle aux graves obligations qu'il avait contractées. Agenouillé sur le pavé du sanctuaire et ses mains tremblantes d'émotion dans les mains de l'Archevêque, il prononça de tout cœur et d'une âme pleine d'allégresse le *Promitto* qui le liait irrévocablement au service de l'Eglise.

Dès le lendemain de l'ordination, comme tous ses confrères, l'abbé Dogny partit en vacances et rentra au pays natal pour y chanter sa première messe. La fête fut très belle et très touchante, malgré la gravité des circonstances. Toute la population de Damouzy voulut y prendre part, comme pour marquer en quelle estime particulière elle tenait le nouveau prêtre et sa famille. Le vénérable curé, M. Viard, se surpassa lui-même, tant il sut mettre de diligence, de zèle et de goût dans les préparatifs de la fête. M. Dogny chanta la messe, avec l'émotion qu'on devine, et M. Viard prononça le discours d'usage : non pas, certes, d'après les règles de la rhétorique qui lui avaient été enseignées dans sa jeunesse et qu'il avait probablement oubliées, mais d'après une méthode très supérieure et qui réussit toujours, celle du cœur. Il parla, cette fois, comme il ne l'avait peut-être jamais fait au cours de sa carrière ; et il trouva de tels accents pour louer cet enfant du village devenu l'élu de Dieu, que toute l'assistance fondait en larmes.

La grand'messe fut suivie d'un banquet, auquel avaient été conviés toute la parenté, tous les amis du nouveau prêtre et aussi tous les voisins de la famille Dogny. L'ennemi n'ayant pas encore violé nos frontières, les convives, d'ailleurs mal renseignés sur la situation respective des deux armées qui allaient en venir aux mains, traduisaient en termes joyeux et exubérants leur patriotique confiance en la valeur de nos troupes. La journée s'acheva ainsi dans la paix et la douceur de cette fête religieuse, dont le héros reçut les compliments traditionnels avec sa modestie habituelle et son affabilité souriante. Il ne se doutait guère, hélas ! que, quelques jours plus tard, le canon de Wissembourg et de Reichshoffen provoquerait, dans toute la France et jusque dans le monde entier, le plus douloureux des réveils.

Dans la pensée de l'autorité religieuse, le nouveau prêtre, dont les capacités étaient bien connues, était destiné à l'enseignement. Il est très probable qu'il en avait lui-même exprimé le désir et que M. Bieil, son directeur au grand séminaire, l'avait encouragé à entrer dans cette voie (1). Mais, au milieu du bouleversement général qu'avait causé la guerre dans la vallée de la Meuse, plus encore que partout ailleurs, il ne fallait pas songer à rouvrir, comme à l'ordinaire, au mois d'octobre, les collèges et séminaires diocésains. Ces établissements, du reste, avaient été transformés en ambulances, dès la fin du mois d'août, aussitôt après la bataille de Sedan, et les rires et les jeux des écoliers étaient remplacés par les plaintes des blessés, ou les râles des moribonds. « Cinq centres principaux avaient été disposés, à Charleville, pour recevoir les malades : l'Hôtel-Dieu, l'établissement Rossat, le Sacré-Cœur, le haras, et, enfin, le séminaire uni au collège. Cette dernière ambulance était la plus importante, et il fut possible d'y hospitaliser à la fois plus de 300 malades » (2).

L'abbé Dogny, qui, à la suite de sa première messe, s'était installé chez sa sœur, rue

______

(1) En arrivant au Grand Séminaire, M. Dogny avait fait choix d'un autre directeur ; mais l'humeur tâtillonne de celui-ci l'avait à ce point découragé qu'il hésitait à avancer au sous-diaconat. Sur le conseil judicieux d'un ami intime et dévoué, il s'adressa à M. Bieil, et les alarmes de sa conscience s'évanouirent comme par enchantement.

(2) Abbé BÉGUIN : *Vie de M. l'abbé Gillet*, p. 72.

du Mont-Joly, s'empressa d'offrir son concours aux directeurs du séminaire pour assurer aux blessés les secours de la religion. Il y fut témoin, on le devine, de scènes déchirantes, dont son cœur, mal aguerri contre les spectacles de la douleur, dut cruellement souffrir. Mais il eut du moins la consolation de verser un peu de réconfort dans l'âme de ces pauvres soldats que l'habileté des chirurgiens ne réussissait pas toujours à sauver de la mort. Comme l'a écrit M. Gillet, son vaillant compagnon d'armes durant ces heures tragiques, « dans ces cœurs de jeunes gens, renouvelés par le sacrifice et par la souffrance, la foi religieuse se ranimait, naïve et confiante. La prière revenait spontanément sur leurs lèvres. Que de fois, à cette heure avancée de la soirée, où les gaz baissés facilitaient la discrétion et ménageaient le respect humain, les blessés appelaient doucement les aumôniers volontaires, puis, dans une bonne et sincère confession, réparaient généreusement les désordres de leur conscience et offraient leur vie pour leur salut et celui de la France ! » (1).

Les hôtes pitoyables de l'ambulance du séminaire connurent des jours terribles, particulièrement ceux du bombardement de Mézières. Cent bouches à feu faisaient pleuvoir les

(1) Abbé GILLET : *Vie de Mgr Garrot*, p. 326.

bombes et les obus sur la malheureuse cité et y déterminaient partout des incendies. Mézières dut capituler le 2 janvier, ne pouvant résister plus longtemps à cette pluie de fer et de feu. Or, le jour même de la capitulation, pendant que flambaient encore les édifices publics et un grand nombre de maisons, l'abbé Dogny, poussé par une sorte de curiosité irrésistible, pénétrait à pas menus dans la ville infortunée et se rassasiait, pour ainsi dire, les yeux de l'horrible spectacle dont il était le témoin. Il n'y a que les timides pour avoir de ces témérités qui confinent à l'héroïsme...

Malgré les heures qu'il passait chaque jour à l'ambulance, M. Dogny aurait cruellement souffert de l'inaction, dans laquelle les malheurs de la France le tenaient immobilisé, si l'Archevêché ne lui avait confié, à titre provisoire, la petite cure de Gruyère, voisine de Charleville.

La population de cette paroisse étant très restreinte, puisque les mauvaises langues assuraient qu'en en pouvait compter les maisons sur ses doigts, il était facile au nouveau curé de remplir toutes les obligations de sa tâche pastorale, sans cesser de résider à Charleville. Chaque dimanche, une famille importante de Gruyère l'envoyait chercher en voiture, et, avec une scrupuleuse conscience, il chantait la messe, faisait le catéchisme aux petits enfants, et, à l'occasion, visitait les malades. Il prenait ensuite son repas au château, chez M. de Mecknem, qui lui témoignait une particulière estime ; après quoi, il retournait à Charleville, auprès de ses chers malades de l'ambulance.

Quand la paix fut signée, et qu'après le départ des blessés on eut fait, dans les établissements transformés en ambulances, les travaux de désinfection et d'assainissement nécessaires, les diverses maisons d'éducation du diocèse de Reims rouvrirent leurs portes, et, au commencement d'avril 1871, M. Dogny reçut sa nomination de professeur de seconde au petit séminaire de Reims.

CHAPITRE V

Professeur au petit séminaire de Reims.
Curé de Courville
(1871-1873)

Après ce qui a été déjà dit, il est superflu de faire à nouveau le tableau de la vie intérieure du petit séminaire de Reims, en 1871. Les choses s'y étaient peu modifiées depuis 1865. Seul le personnel comptait quelques nouvelles figures.

A la tête de la maison, le lieutenant avait succédé au capitaine, ce qui veut dire que M. Périn avait remplacé M. Lambert. C'était, si l'on veut, le même esprit. Pourtant, si la nouvelle direction était plus amène, certains regrettaient la fermeté et la promptitude de décision qui caractérisaient l'ancienne.

M. Sury était devenu directeur, et il s'acquittait de sa charge avec une ponctualité et un dévouement auxquels tout le monde rendait hommage. Quand, après chaque repas, il se tenait debout, adossé contre une colonne, en

face de la porte du réfectoire, pour accorder les menues permissions qu'on venait lui
demander, il nous donnait un peu l'impression
d'un saint Louis rendant la justice à ses sujets
sous le chêne de Vincennes, avec cette différence pourtant que le saint Roi aimait à égayer
ses jugements de propos pleins de jovialité,
tandis que M. Sury, toujours impassible, n'ac-
compagnait ses grâces d'aucun sourire. Mais
cette attitude, je me hâte de le dire, c'était son
rôle disciplinaire qui la lui commandait ; dans
l'intimité, nul n'était plus affable que lui.

M. Dogny avait retrouvé, en outre, la plupart
des professeurs qu'il avait connus en 1865 :
en philosophie, M. Colas ; en rhétorique,
M. Boulogne ; en troisième, M. Viot ; en quatrième, M. Legras ; en cinquième, M. Robert ;
et il avait reçu de tous ces messieurs, dont il
devenait le collègue, l'accueil le plus empressé
et le plus fraternel.

L'année scolaire de 1871, ne comportant que
le troisième trimestre, s'écoula très rapidement
pour le jeune professeur. On était encore sous
l'empire des événements terribles qui venaient
de se dérouler et dont la Champagne avait
été le sanglant théâtre. L'ennemi occupait
la ville de Reims et nous ne pouvions sortir
du séminaire sans rencontrer dans les rues,
sur les places ou les promenades publiques,
les porteurs de casques à pointe, qui allaient

et venaient à travers la cité, avec l'arrogance brutale et le sans-gêne de leur race.

Ce fut à la rentrée d'octobre 1871 qu'il nous fut donné, à mes condisciples et à moi, d'entrer directement en relations avec M. Dogny, devenu notre professeur. Il avait alors vingt-cinq ans. Quand il nous attendait, chaque matin, debout sur le seuil de sa classe et dans l'encadrement de la porte, avec son extérieur massif et trapu, son regard vif et curieux, et surtout son vaste front d'un développement inaccoutumé, il nous donnait presque l'impression d'un Napoléon en soutane, tant la ressemblance était frappante, au moins pour la partie supérieure du visage. Mais, dans l'ensemble, c'était, on le devine sans peine, un Napoléon singulièrement plus affable et plus débonnaire que l'autre, le vrai, celui qui faisait trembler l'Europe.

Malgré son masque quelque peu impérial, M. Dogny était, en effet, par-dessus tout, un être de bonté et de modestie sincère ; et il ne nous fallut pas longtemps pour découvrir que, sous cette lourde enveloppe, se cachait une âme de la plus évangélique douceur. Il était autre chose que le professeur qui, d'une voix détachée et d'un cœur blasé, dispense à ses élèves du grec ou du latin. Je serai plus près de la vérité en disant qu'il était, à nos yeux, une manière de frère aîné, plus instruit, plus expérimenté, plus vertueux que nous, et qui, chaque jour, à force de patience et de paroles pénétrantes et persuasives, s'efforçait de nous rendre un peu meilleurs et un peu moins ignorants.

Faut-il ajouter que, dès le début, il se révéla comme un professeur très compétent et très épris de sa fonction ? Non pas, certes, qu'il eût la parole abondante et châtiée de quelques-uns de ses collègues ; le genre oratoire était celui qui répugnait le plus à ses goûts autant qu'à ses aptitudes. Tout ce qui est ostentation ou vaine parade, et par quoi certains maîtres tâchent à masquer le vide de leur enseigne-ment, lui était absolument étranger. Au lieu de débiter des phrases plus ou moins habilement agencées, il préférait procéder par des interro-gations courtes, mais précises, et forcer ainsi l'élève à réfléchir. La méthode socratique sem-blait mieux convenir au tour fin et insinuant de son esprit.

Il va sans dire que ses classes se déroulaient suivant le rite consacré par l'usage : M. Dogny n'avait rien d'un novateur, les sentiers bat-tus lui paraissant toujours les plus sûrs. On commençait invariablement par la récitation des leçons ; puis, on expliquait les thèmes et les versions donnés en devoir ; après quoi, il nous remettait nos copies soigneusement an-notées. Les sujets étaient bien choisis, toujours à notre portée et capables de piquer notre curiosité.

En littérature, il est très probable qu'il se servait des cahiers et des notes qu'il avait apportés du collège de Charleville, et il nous les dictait par fragments qu'il commentait ensuite en émaillant son commentaire d'observations judicieuses et parfois très fines. Sans être aussi riche qu'il l'est devenu par la suite, son bagage littéraire était déjà abondant, et, pour notre part, nous tenions M. Dogny pour un prodige d'érudition.

Comme tous les autres professeurs, il enseignait à ses élèves l'histoire, la géographie et même l'archéologie. Oh ! les charmantes promenades que celles qu'il nous faisait faire, deux ou trois fois par an, pour visiter et étudier en détail la cathédrale et saint Rémi, et nous faire constater, en présence des monuments eux-mêmes, l'évolution de l'architecture religieuse, à travers les siècles ! Quelle joie surtout c'était pour nous de grimper jusqu'au sommet des tours de Notre-Dame, de courir à travers les énormes madriers qui forment la charpente du colossal et somptueux édifice et de nous grouper ensuite tous en cercle, avec, au centre, notre majestueux professeur, sous l'énorme bourdon du cardinal de Lorraine ! Et, durant toute la visite, que de questions ! que de pourquoi, auxquels il répondait avec une bonne grâce jamais lassée ! Etait-il, au fond, très savant en archéologie ? Son érudition en cette matière n'était-elle pas de fraîche date ? et ne lui venait-elle pas tout simplement du manuel de l'abbé Poussin, ou des livres de l'abbé Bourassé ? Je ne sais. En tout cas, je ne puis évoquer, sans un sentiment de vive gratitude, le souvenir de son enseignement ; car, si, dans la suite, j'ai pris goût à l'archéologie, et si, vingt ans plus tard, j'ai pu l'enseigner moi-même à mes élèves du lycée Michelet, en leur ménageant l'agrément de promenades archéologiques, pareilles à celles que j'avais faites à Reims, c'est certainement aux leçons de M. Dogny que j'en ai été redevable.

*
* *

Après ces heureux débuts, M. Dogny paraissait destiné à faire toute sa carrière de professeur au petit séminaire de Reims. Il jouissait de la sympathie générale ; maîtres et élèves le tenaient en particulière estime et même en sincère affection. Pourtant, à vrai dire, nous, ses élèves, nous ne mettions peut-être pas une discrétion suffisante dans l'expression des sentiments que nous éprouvions pour notre cher professeur. Avec l'étourderie et l'exubérance coutumières à notre âge, nous lui manifestions d'une façon trop fréquente et surtout trop bruyante, le fond de notre cœur.

Il était visible pour tous que nos témoignages répétés d'amitié lui créaient, au milieu de ses confrères, une situation un peu à part, — je n'ose dire une situation fausse, encore que le bon ordre qui doit régner dans une maison d'éducation, s'accommode malaisément de semblables démonstrations. Bref, à notre insu, — car si nous avions eu le moindre soupçon à cet égard, notre attitude vis-à-vis du professeur de seconde se serait immédiatement modifiée, — il vint un moment où le bon supérieur prit un peu ombrage de cette popularité insolite dans un séminaire, et où son esprit timoré se familiarisa avec l'idée que la discipline serait raffermie, si l'on pouvait donner un successeur au professeur trop aimé de ses élèves.

Or, tout justement, un jeune prêtre qui, naguère, avait vaillamment conquis sa licence ès-lettres, venait de demander un poste de professeur : c'était M. l'abbé Péchenard, aujourd'hui évêque de Soissons. Sa demande était de celles qu'il était difficile d'écarter, puisqu'aussi bien il avait été envoyé à l'Ecole des Carmes en vue de s'y préparer au professorat.

Que se passa-t-il au conseil archiépiscopal ? Quels conciliabules eurent lieu entre le supérieur du petit séminaire et M. Juillet, vicaire général ? Quelles influences se firent sentir ? Quels arguments fit-on valoir ? Je l'ignore. Toujours est-il que l'Archevêque, un matin de novembre 1872, après avoir écouté les rapports qui lui furent faits sur la situation, décida de nommer M. Dogny curé de la petite paroisse de Courville, et de donner sa chaire de seconde à M. Péchenard.

Le coup fut très douloureux pour M. Dogny, parce qu'il y vit l'effet d'une disgrâce qu'il jugeait de tout point imméritée. Si la Providence avait voulu qu'il fût doué d'une parole plus nette et plus assurée, il serait allé trouver Mgr Landriot, qui était la loyauté en personne, et tout fait croire que les choses se seraient arrangées. Mais notre professeur n'était pas l'homme de ces initiatives hardies ; il se contenta d'aller demander des explications au vicaire général. Celui-ci se retrancha derrière la décision du chef du diocèse, se bornant à faire entendre à l'intéressé de vagues paroles de consolation et lui assurant, entre autres choses, que cette mesure avait été prise pour le bien de sa santé.

Si résigné qu'il fût aux ordres de la Providence, M. Dogny ne fut pas dupe de tout ce qu'il y avait d'étrange et de pitoyable dans ces explications. Quand il comprit qu'il n'y avait plus rien à faire, il se retira avec dignité et fit ses malles pour se rendre dans son nouveau poste. Mais, en quittant le Petit Séminaire de Reims, où il se plaisait déjà beaucoup, il emportait au cœur une secrète blessure qui ne s'est jamais complètement fermée. C'est même le seul incident de sa vie qu'il ne pouvait évoquer, longtemps après, sans qu'un pli d'amertume marquât son front et qu'une plainte atténuée se trahît dans ses paroles. Il était homme, après tout, et c'eût été miracle que, blessé au plus intime de sa conscience, il n'eût pas souffert de ce qu'il considérait comme un manque d'égards et une injustice (1).

Fort heureusement, les élèves furent tenus en dehors de ce conflit, et le professeur disgracié avait l'âme trop délicate et aussi trop fière pour leur faire la moindre confidence sur les incidents qui venaient de se produire à son sujet. N'étant pas renseignés, nous ne comprîmes rien au départ de notre professeur, nous imaginant que cette substitution de personnes n'avait rien que de normal et de conforme aux habitudes de l'administration diocésaine. Nous aidâmes de notre mieux

(1) Huit ans plus tard, en mars 1880, il annonçait ainsi à un confrère la promotion de M. Péchenard au poste de vicaire général :

« ... Contrairement à toutes les prévisions, c'est M. J... lui-même qui a fait place à M. Péchenard.

» Si je gardais un souvenir amer des choses d'autrefois, ne pourrais-je pas trouver ici une application surprenante de cet adage : « *Per quæ quis peccat, per hæc et punitur* », en voyant M. P... et M. J... cédant leur place à M. Péchenard, comme ils avaient autrefois obligé quelqu'un à lui céder la sienne. Mais enfin, que la volonté de Dieu soit faite ! »

M. Dogny à emballer ses livres, et les menus objets qui complétaient le mobilier fourni par la maison ; et, quand l'heure de la séparation fut venue, nous l'embrassâmes tous, une dernière fois, avec des sanglots dans la voix et des larmes dans les yeux.

*
* *

En arrivant devant l'humble presbytère de Courville, M. Dogny put se dire, non sans quelque tristesse, qu'on ne lui avait pas complètement appliqué le vieux proverbe latin : *Promoveatur ut amoveatur.* Si le second terme de cette maxime administrative, qui a couvert parfois de si ténébreuses intrigues, était pour lui un fait accompli, il était bien obligé de constater que son départ forcé de Reims ne lui procurait aucune espèce d'avancement, tant sa nouvelle demeure lui parut chétive et délabrée !

Il était chargé, en effet, de deux paroisses, Courville et Mont-sur-Courville, situées près d'Arcis-le-Ponsard, dans le canton de Fismes. Ces deux petites paroisses ne formaient pas une population globale de 500 âmes. Et comme, en outre, elles étaient séparées l'une de l'autre par plusieurs kilomètres, le nouveau curé se rendit très vite compte de la difficulté qu'il aurait à les desservir.

Il convient d'ajouter que Courville se trouvant assez éloigné de la gare de Fismes, M. Dogny allait être condamné à un isolement presque absolu.

De plus, comme il avait organisé sa vie en vue du professorat, il ne possédait aucun mobilier ; il lui fallut donc, en quelques jours, et avec le concours de sa sœur, se procurer les meubles les plus indispensables dont il avait besoin pour garnir décemment son presbytère. Ces achats précipités furent pour lui une source de tracas et de mécomptes ; et il est bien possible qu'en se débattant au milieu des difficultés de cette fièvreuse installation, il se soit dit à lui-même que ce serait le devoir de toute bonne administration de se montrer plus soucieuse des intérêts de ses subordonnés, et de ne pas les déplacer ainsi brusquement, au seuil de l'hiver, au risque de leur occasionner un lourd surcroît de dépenses et de fatigues.

Enfin, pour que son installation fût complète, il était nécessaire de découvrir la perle rare, la domestique honnête et fidèle qui allait être chargée de présider à la direction de son modeste fourneau. M. Dogny était moins apte que quiconque à faire cette trouvaille ; aussi, ne suis-je pas surpris qu'au début surtout, s'il faut en croire le récit paru dans le *Bulletin,* il ait eu la main malheureuse et, qu'à deux reprises, il ait été acculé à une crise ministérielle. Quel est le curé qui n'a point passé par là ? Seulement, il est infiniment probable que M. Dogny, dont nous connaissons déjà le tempérament si débonnaire, a dû souffrir plus que d'autres de ces orages domestiques et que les exécutions, quand elles sont devenues nécessaires, l'ont atteint lui-même autant que les victimes.

Il convient de rappeler ici que M. le maire de Courville, M. C..., alla chercher M. Dogny à la gare, et lui donna pendant quelque temps l'hospitalité, en attendant que le presbytère fût mis en état de recevoir le nouveau curé. Cette démarche et les attentions que lui prodigua la famille C... adoucirent certainement à M. Dogny la tristesse des premières heures de son séjour à la campagne.

Malgré tous les tracas de son emménagement improvisé, M. Dogny fut un curé plein de zèle et de dévouement pour son petit troupeau. Il s'acquittait en conscience de toutes les obligations de sa charge. Il prêchait tous les dimanches et faisait régulièrement le catéchisme. Il a laissé, entre autres marques de son zèle, dans la paroisse de Courville, une cloche qu'il eut le bonheur de baptiser lui-même ; pour cette cérémonie, il prononça un discours qui est malheureusement perdu. Mais, si les paroissiens le tenaient pour un prêtre régulier, édifiant et très instruit, ils lui donnaient peu de besogne au confessionnal et montraient une certaine indifférence pour les sacrements. Cette apathie religieuse de la population déconcertait le bon curé et le troublait au point d'éveiller en lui des scrupules, presque des remords. Il se désolait de la stérilité de ses efforts, et, pour un peu, il se serait reproché comme une faute d'être au-dessous de sa tâche.

En réalité, il se trompait du tout au tout. Par son bon visage toujours souriant et aussi par la cordialité de ses manières, il s'était conquis, parmi ses fidèles, de chaudes et généreuses sympathies. Le châtelain, en particulier, M. de S..., homme d'esprit, mais sans pratique religieuse, s'était laissé séduire par la culture intellectuelle de son curé et s'était pris pour lui d'une véritable affection. Bien plus, la petite poignée d'enfants, à qui il fit faire la première Communion en 1873, lui resta tellement attachée que, bien des années après, devenus grands et appelés dans les Ardennes pour leur service militaire, ils allaient lui rendre visite pendant les vacances, chez sa sœur, à Charleville. Enfin, un certain nombre d'habitants de Courville, bien qu'informés tardivement de la mort de M. Dogny, n'hésitèrent pas à faire le voyage de Reims tout exprès pour assister à ses funérailles, tant ils avaient gardé un excellent souvenir de celui qui avait été leur curé trente-sept ans auparavant.

Il n'est donc pas exact d'écrire, comme on l'a fait, qu'il passa à Courville « onze mois d'ennuis et de tribulations de toutes sortes (1) ». On possède sur ce point le témoignage de M. Dogny lui-même. Il s'agit d'une lettre, écrite au moment où il venait de quitter sa cure et de s'installer à Rethel. Voici le passage de cette lettre, qui ne permet de révoquer en doute, ni l'attachement de M. Dogny pour ses ouailles, ni celui des paroissiens pour leur curé :

« ... J'ai quitté Courville après un séjour de onze mois, jour pour jour ; et *il m'a coûté de m'en séparer,* surtout quand j'ai vu que *mon départ comme vous le pensez, a occasionné de vifs regrets* dans quelques familles de la paroisse... »

Entre temps, d'ailleurs, il avait été chargé de desservir une troisième paroisse, celle de Crugny. C'était un surcroît d'occupations qui ne lui laissait guère de loisirs. Il trouva même, dans ce nouveau ministère, une excellente raison pour refuser de recevoir dans son presbytère un de ses anciens élèves, qui lui avait demandé de lui faire terminer ses études. Après avoir déclaré, avec une humilité excessive, qu'il n'avait pas la compétence

(1) *Bulletin du diocèse de Reims,* 23 avril 1910.

nécessaire pour enseigner toutes les parties du programme, M. Dogny ajoutait :

« Dans la situation où je suis, il me serait impossible, au milieu de mes occupations, de trouver un seul moment de loisir à vous consacrer. Par suite de la maladie de M. le curé de Crugny, j'ai été chargé, outre les deux miennes, de sa paroisse, qui est nombreuse et éloignée de 4 kilomètres de Courville. Ce qui, maintenant surtout que j'ai deux premières communions à préparer, ne me laisse absolument aucun loisir. Il est des semaines, et cela arrive souvent, où je ne reste pas un seul jour chez moi : je pars le matin pour ne rentrer que dans la soirée, que je consacre à la récitation de mon bréviaire et aux travaux indispensables du ministère... »

On le voit donc, la charge pastorale n'était pas pour lui une sinécure ; il en prenait au sérieux toutes les obligations, quelques fatigues qu'elles dussent lui coûter.

Néanmoins, il faut bien le reconnaître, malgré les occupations très variées et très absorbantes qui remplissaient ses journées, M. Dogny regrettait le professorat.

Dans la lettre, citée plus haut, il ne fait pas difficulté d'avouer cette nostalgie :

« Si ce projet [d'accepter un élève chez lui] eût été réalisable, j'y eusse souscrit bien volontiers, car il eût été pour moi une source de plaisir et d'agréable distraction : de plaisir, car *force m'eût été de revenir à des études que j'aime, à cette vie de communauté et d'enseignement, plus agréable pour moi que la solitude du presbytère, et que j'aurais voulu ne pas quitter si tôt ;* d'agréable distraction, car votre société eût remplacé pour moi la monotone solitude où se trouve réduit un curé à la campagne ».

Sans doute, l'enseignement du catéchisme aux petits enfants de ses trois paroisses lui était d'une grande douceur, parce qu'il lui rappelait ses précédentes fonctions et que c'était pour lui comme une occasion de faire encore la classe ; mais ces enfants, qui savaient à peine lire et écrire, ne pouvaient guère remplacer ses chers élèves de seconde, d'esprit si alerte et si appliqués au travail.

*
* *

Ses seules journées vraiment heureuses étaient celles où il recevait la visite de quelques-uns d'entre eux. Ces voyages à Courville leur étaient très précieux, parce qu'ils y trouvaient l'occasion de vivre quelques bonnes heures dans l'intimité de leur ancien maître, de lui demander des conseils et de lui marquer la fidélité de leur attachement. Que dis-je ? il ne se contentait pas d'accueillir ceux de ses élèves qui venaient le visiter ; il les invitait lui-même et dans les termes les plus pressants.

A la date du 10 avril 1873, il écrivait à l'un d'eux :

« ... Non seulement, mon cher ami, votre visite ne me dérangera pas, mais au contraire elle me fera un très grand plaisir. Je m'y attendais, du reste.

» ... J'espère que vous voudrez bien me donner au moins deux jours.

» ... Vous serez reçu très modestement, dans un très modeste presbytère, mais ce sera de bon cœur ».

Le 2 juillet de la même année, il renouvelait son invitation en ces termes :

« ... Voici venir les vacances. J'espère que vous viendrez vous reposer quelques jours au presbytère de Courville. Nous causerons plus longuement et plus à notre aise ».

On devine que ces jeunes gens se gardaient bien de décliner une invitation formulée de façon si gracieuse. Durant le congé de Pâques, et pendant les grandes vacances de l'année 1873, ils accomplirent presque tous ce pèlerinage de l'amitié et de la reconnaissance. L'allégresse épanouissait le visage du bon curé. Il recevait de son mieux ses visiteurs et s'ingéniait à leur rendre agréable le temps, toujours trop court à son gré, qu'ils passaient sous son toit. Tout était simple et modeste dans la réception ; mais, après de longues causeries, où l'expérience du maître avait pu donner aux disciples de très utiles conseils, ceux-ci s'en retournaient avec des lumières plus précises sur leur vocation, et aussi avec une large provision de réconfort pour affronter les difficultés du lendemain.

A la fin de décembre 1872, sa classe de seconde, qui pourtant ne l'avait eu comme professeur que durant quelques semaines, eut la délicate pensée de lui écrire pour lui présenter ses souhaits de nouvelle année. M. Dogny répondit aussitôt par une lettre cordialement affectueuse, et toute parfumée d'humilité chrétienne. En voici un large extrait :

« Mes bien chers Amis,

» Je m'empresse, aussitôt que me le permettent mes nombreuses occupations, de répondre à votre bonne lettre. Je n'ai pas besoin de vous dire combien j'ai été sensible à ce souvenir affectueux que vous avez bien voulu garder de moi. C'est, croyez-le bien, un grand adoucissement au sacrifice pénible qu'il m'a fallu faire en vous quittant.

» Et moi aussi, mes chers amis, au commencement de cette nouvelle année, je forme pour vous les vœux les plus ardents et les plus sincères. Je demande à Dieu pour vous une santé toujours parfaite. Je le prie de vous accorder, et l'avancement dans la vertu, si nécessaire au chrétien et surtout au séminariste, et le progrès dans la science qui n'est guère moins nécessaire. L'enseignement éclairé et expérimenté de votre nouveau professeur contribuera mieux à vous la faire acquérir que je n'aurais pu le faire moi-même, malgré ma bonne volonté et toute mon affection pour vous.

» J'espère que vous vous souviendrez encore de moi dans vos bonnes prières, et que vous demanderez à Dieu pour moi la grâce de remplir le moins mal possible la mission qu'Il m'a confiée... »

On aura noté, au passage, l'allusion discrète aux talents de son successeur. Chez d'autres, de telles paroles pourraient sembler empreintes d'une ironie très raffinée ; elles n'étaient, chez M. Dogny, que l'expression très sincère de son habituelle modestie.

L'année suivante, alors que M. Dogny avait déjà quitté Courville pour rentrer dans le professorat, au collège de Rethel, ses élèves de l'année scolaire 1871-1872, qui étaient devenus de graves philosophes, mais qui se souvenaient toujours avec reconnaissance de leur ancien maître, chargèrent quelques camarades de lui remettre, avec une photographie de toute la classe, une lettre collective, où ils protestaient à nouveau de la fidélité de leur affection.

La démarche, très significative et point banale, on en conviendra, toucha profondément M. Dogny, qui répondit par une belle lettre, dont j'ai gardé l'original et que je transcris ici :

« ... Je vous remercie sincèrement des vœux que vous avez bien voulu exprimer à votre ancien professeur, à l'occasion du nouvel an. Croyez bien, mes chers Amis, que j'en fais, pour le bonheur de chacun de vous tous, de non moins ardents et de non moins sincères. J'ai demandé et demanderai souvent pour vous à Dieu, avec le don d'une santé parfaite, le don d'intelligence pour vous livrer à l'étude parfois aride de la philosophie, et le don de persévérance et de force pour marcher d'un pas assuré dans la voie où il plaira au Ciel de vous appeler.

» Vous voulez bien me rappeler le temps qu'il m'a été donné de passer avec vous. Croyez-le, jamais non plus je n'oublierai cette année si heureuse pour moi, où j'ai trouvé en vous d'excellents jeunes gens, où tant de fois vous m'avez consolé par votre docilité, votre indulgence, votre travail et vos efforts.

» Laissez-moi aussi vous remercier des aimables étrennes que vous m'avez envoyées. Vous devez facilement vous imaginer le plaisir qu'elles m'ont causé. J'ai revu avec bonheur vos physionomies. Elles m'ont rappelé et me rappelleront toujours une des années les plus agréables de ma vie.

» Enfin, j'ai été très heureux d'apprendre la noble émulation dont vous êtes animés pour vous revêtir du saint habit (1). Vous connaissant bien tous, j'en ai été moins étonné que réjoui. J'espère que Dieu, qui vous a inspiré cette résolution, vous donnera la grâce nécessaire pour vaincre les difficultés que vous pourrez rencontrer, et qu'un jour on comptera autant de prêtres bons et dévoués à l'Eglise qu'il y avait d'élèves dans la classe de seconde... »

Son dévouement pour ses anciens élèves se traduisait par une sollicitude qui s'étendait à tout ce qui les concernait. A tout propos, il sollicitait de leur part des confidences, mû, non pas par une banale curiosité, mais pour y trouver l'occasion de leur faire entendre de sages avis.

Il écrivait à l'un d'eux :

« Vous plaisez-vous bien en philosophie ? Y

____

(1) C'était l'usage, en effet, dans le diocèse de Reims, et même dans beaucoup d'autres, qu'on autorisât les élèves de rhétorique ou de philosophie, qui s'étaient signalés par leur piété et leur bonne conduite, à porter la soutane les dimanches et jours de fête, comme pour se mieux préparer à entrer au grand séminaire.

réussissez-vous comme dans vos précédentes classes ? *Vous voudrez bien me le dire dans votre prochaine lettre...* »

M. Dogny ne s'intéressait pas seulement aux progrès intellectuels de ses élèves. Il avait plus souci encore de leur vie morale et religieuse.

Dans une lettre déjà citée, il donnait à son jeune correspondant de précieux conseils :

« ... Voici que vient de commencer pour vous une année très sérieuse à tous égards : d'abord au point de vue de vos études dont elle doit être le couronnement et le perfectionnement ; la philosophie a, par elle-même, une importance considérable ; mais cette année est surtout sérieuse pour vous, au point de vue de votre vocation. Quelques mois à peine vous séparent du grand séminaire, où j'espère que Dieu vous fera la grâce d'entrer. Tâchez de vous y préparer par la pratique constante de tous vos devoirs et par l'acquisition d'une piété sincère, solide et véritable... »

Ainsi, M. Dogny demeurait attaché à ses disciples, non seulement par la fidélité du souvenir, mais encore par l'ardeur de son zèle sacerdotal. A plusieurs reprises, dans les lettres qu'il leur adressait, il les assurait du concours de ses prières, et ceux qui l'ont vu de près savent qu'une telle assurance n'était pas de sa part une promesse en l'air, ni une vaine formule empruntée à la phraséologie ecclésiastique.

On se rend compte maintenant de la vie que menait M. Dogny au presbytère de Courville, des occupations qui remplissaient ses journées, des alternatives de joie et de tristesse par où passait son cœur, dans sa mélancolique solitude. Il s'appliquait de son mieux à remplir sa tâche, toute sa tâche, encore qu'il ne l'eût pas choisie et qu'elle ne fût pas de son goût. Il faut dire, d'ailleurs, à la louange de ses paroissiens, que s'ils ne donnaient pas à leur curé toutes les consolations religieuses que souhaitait son zèle, ils avaient du moins deviné sa rare valeur intellectuelle et morale et l'entouraient d'estime, de respect et même de chaude sympathie.

Néanmoins, il ne prenait pas racine à Courville. Son cœur, pourrait-on dire, était resté dans le professorat, et les relations constantes qu'il entretenait avec ses anciens élèves n'étaient pas de nature à atténuer ses regrets pour l'enseignement. C'était de ce côté que s'étaient orientées ses premières aspirations de jeune homme ; il sentait que tout, chez lui, la pente de son esprit, le tour qu'il avait donné à ses études, son goût très vif pour la jeunesse, et jusqu'à ce besoin d'expansion qui rendait sa nature si attachante, le prédestinait à la carrière du professorat.

C'est dire qu'elle fut la bienvenue et qu'il la reçut comme une messagère d'espérance et de bonheur, la lettre qui lui vint un jour du directeur du collège de Rethel, pour lui offrir un emploi dans le personnel de cette maison. La proposition était trop en harmonie avec ses plus chers désirs pour qu'il ne l'acceptât pas d'emblée. L'Administration, de son côté, oubliant que M. Dogny avait été brusquement retiré de l'enseignement pour raison de santé, et croyant peut-être que ces onze mois passés dans la paix des champs l'avaient irrévocablement guéri, s'empressa de ratifier le choix de M. Hannesse, directeur du collège de Rethel ; et, ainsi, grâce à un concours de circonstances où l'esprit de foi de M. Dogny vit l'action de la Providence plus que la sagesse des hommes, il ne lui resta plus qu'à se débarrasser de son humble mobilier, à faire en hâte ses malles, comme il les avait faites au mois de novembre 1872 et à se mettre en route pour Rethel. Tout cela, on le devine, il le fit avec allégresse.

CHAPITRE VI

M. Dogny, professeur de rhétorique à Notre-Dame de Rethel (1873-1893)

Le collège Notre-Dame de Rethel, où M. Dogny entrait comme professeur, en octobre 1873, avait, exactement, vingt ans d'existence. Il avait été fondé par le Cardinal Gousset, au lendemain de la promulgation de la loi de 1850, et le pieux Archevêque, en souvenir d'un vœu de sa jeunesse, l'avait placé sous le patronage de l'Immaculée Conception.

La première pierre des constructions avait été bénite en 1853, et, un an après, le nouvel établissement ouvrait ses portes aux élèves des classes inférieures. Les progrès furent si rapides, et la prospérité si marquée, que, fort peu de temps après les débuts, il fallut agrandir les bâtiments et que le collège comptait 285 élèves, au moment de l'invasion prussienne.

Le choix de la ville de Rethel pour un établissement de ce genre se trouvait donc justifié par les faits. Le Cardinal Gousset avait estimé que, malgré le chiffre restreint de sa population, Rethel était un centre assez important et d'accès assez facile pour assurer un large recrutement. Et l'événement lui avait donné raison. En outre, il était bon, pensait-il, que la jeune maison ne fût pas trop éloignée de la ville archiépiscopale, afin de pouvoir bénéficier plus complètement de l'aide et de la protection de l'Archevêque, et c'est pour cette raison que l'idée d'une fondation, à Charleville ou à Mézières, avait été, dès le principe, résolument écartée.

Il semble bien que, quelques années plus tard, lorsque le Cardinal Langénieux érigea, à Charleville, l'institution Saint-Rémi, il obéit à des considérations qui avaient sans doute échappé à son illustre prédécesseur.

Quoi qu'il en soit, après avoir dû, pendant la guerre, fermer ses portes aux élèves, comme les deux séminaires diocésains, et avoir hospitalisé des blessés et des malades dans les dortoirs, les classes et les études, le collège Notre-Dame avait été rendu à sa destination primitive, au printemps de 1871. Mais c'est en vain que le nouveau directeur, l'abbé Charles Hannesse (1), avait battu le rappel dans les fa-

______

(1) Il avait fait le sacrifice de sa cure de Fismes pour se dévouer tout entier à la prospérité du collège, dont la direction venait de lui être confiée.

milles de la région ; les élèves étaient revenus beaucoup moins nombreux qu'avant la guerre, et la maison, malgré le zèle de son personnel, traversait des jours difficiles. Les internes étaient clairsemés, et les externes fournissaient un contingent relativement peu nombreux (1).

M. Dogny fut d'abord chargé de la classe de troisième (2). Cet emploi n'était pas très flatteur pour son amour-propre, puisqu'il avait déjà enseigné la seconde avec distinction, au petit séminaire de Reims. Mais le nouveau professeur n'était pas homme à voir là un recul humiliant, ni à soulever des difficultés sur ce point. On lui aurait offert la septième qu'il l'aurait acceptée avec la même bonne grâce ; et telle était la sincérité de sa modestie qu'il eût trouvé la chose toute naturelle. Il se mit donc très courageusement à sa nouvelle besogne, et s'appliqua avec tout le zèle dont il était capable à faire cette classe de troisième, qui lui paraissait d'autant plus importante

---

(1) Trois ou quatre prêtres seulement se partageaient les travaux de l'enseignement et de la surveillance.

(2) C'était son ami, M. Guillin, qui avait présenté sa candidature au directeur en quête de bons professeurs. « — Prenez M. Dogny, lui avait-il dit. — Et que pourra-t-il faire ? avait demandé M. Hannesse. — Tout ce que vous voudrez ». (Note manuscrite de M. S.).

qu'elle est le couronnement des études de grammaire et le prélude des humanités.

Mais, quelques mois plus tard, le professeur de rhétorique étant venu à mourir subitement, on n'hésita pas à confier sa succession à M. Dogny : succession difficile, en vérité, moins à cause du prédécesseur, qui trouvait le moyen de cumuler les fonctions d'économe avec l'enseignement de la rhétorique, que parce que les élèves de seconde se trouvaient réunis aux rhétoriciens, et qu'il fallait faire marcher de front ces deux classes pourtant très distinctes.

M. Dogny, qui n'avait pas le goût des choses compliquées, se désolait d'avoir à conduire cet attelage aux mouvements divergents. Ses lettres prouvent combien la tâche lui paraissait ardue :

« Mes élèves, écrivait-il, travaillent assez bien ; toutefois, je doute qu'ils puissent avec succès courir les chances de l'examen. Je crains pour eux un échec qu'ils devront plutôt à l'insuffisance de leur maître qu'à leur mauvaise volonté ».

M. Dogny est tout entier dans ces paroles, et ce sera le refrain qui reviendra, dans toutes ses lettres, durant les trente ans qu'il fut chargé de la rhétorique. De la meilleure foi du monde, il déclarait n'avoir pas les aptitudes nécessaires pour préparer les élèves au baccalauréat et les mettre en mesure d'affronter cette épreuve, pourtant si peu redoutable. Même après les succès les plus décisifs, comme ceux de 1875, où tous ses élèves, sans exception, furent reçus, il s'obstinait à douter de lui-même et à considérer la tâche comme au-dessus de ses forces.

« ... Je suis toujours à Rethel, écrivait-il le 29 décembre 1875, professant que bien que mal la rhétorique, et semant dans une terre bien ingrate et bien stérile. Le bon Dieu a béni mes efforts : sur sept élèves, trois ont été reçus au mois d'août, les autres au mois de novembre. Mais je suis bien loin d'espérer le même résultat pour cette année. Tant pis ! Ce qui me console, c'est que je n'ai nullement convoité la position que j'occupe. Au contraire ! »

Et il en sera de même jusqu'à la fin. La conquête de sa licence ne modifiera pas ces dispositions. Sa réputation de préparateur était pourtant solidement assise, parce qu'elle était le fruit de triomphes répétés. Tout le monde s'accordait à reconnaître en lui un professeur d'une vaste érudition littéraire et d'un goût impeccable. Ses confrères le tenaient en très haute estime ; les enfants avaient pour lui une prédilection marquée, et les familles lui prodiguaient les témoignages de confiance et de sympathie. N'importe ! Malgré tous ces suffrages, qui auraient suffi à apaiser ses scrupules et dont tout autre se serait enorgueilli, il s'obstinait à répéter, parce qu'il le croyait, qu'on avait fait erreur en le chargeant de la rhétorique, et que plusieurs de ses collègues eussent occupé cette chaire beaucoup mieux que lui.

Fort heureusement, ces lamentations sur sa propre insuffisance, dont personne ne s'inquiétait, parce qu'on en connaissait le mal fondé, n'empêchèrent pas M. Dogny de se consacrer tout entier à sa laborieuse tâche. La rentrée de 1874 ayant été meilleure que les précédentes, les élèves de seconde furent confiés à un professeur spécial, ce qui procura un grand soulagement à M. Dogny. En effet, grâce à ce dédoublement, il se trouva libéré d'un lourd fardeau et put réserver tous ses soins à ses rhétoriciens. Néanmoins, quand arrivait la fin de l'année, et, avec elle, la période des examens, le professeur passait par les transes et les appréhensions qui devaient le troubler tous les ans, à pareille époque. Il écrivait, le 9 juin 1875 :

« ... J'ai accepté, ou plutôt j'ai subi au commencement de cette année, une charge bien lourde et bien disproportionnée à mes forces. Comment veut-on qu'ayant à peine les connaissances nécessaires pour le baccalauréat, je puisse sans expérience les transmettre à des élèves relativement faibles ? C'est pourtant ce que je suis condamné à faire, sous peine, comme cela arrivera, de porter la responsabilité de leur échec. C'est avoir peu de chance, vous l'avouerez... »

Dans les seules lettres que j'ai sous la main, il y aurait ainsi à relever plus de vingt passages à peu près identiques, et où l'on retrouve l'écho de son découragement et de sa désespérance. Il se plait beaucoup au collège, et ce milieu plein de jeunesse lui est fort agréable. Mais, à son sens, ses élèves ne valent pas « sa bonne classe de 1871-1872, au petit séminaire de Reims ». Sans être mauvais, les éléments dont il dispose lui paraissent plus ingrats. Cela tient peut-être à la façon dont se fait le recrutement ; car, en sa qualité d'humaniste, il déplore que la plupart des élèves qu'amène chaque rentrée nouvelle, dédaignent les études classiques pour ne faire que du français et des sciences. Ce sont là, croit-il, des conditions tout à fait défavorables et qui paralysent l'élan des latinistes et empêchent les familles d'apprécier les Lettres à leur juste valeur. Assurément, dans une maison d'éducation, ce dont il faut se préoccuper avant toute chose, c'est de la remplir, et, précisément, le collège Notre-Dame possédait alors un chiffre d'élèves qui, chaque année, allait croissant. Mais, le nombre, c'est-à-dire la quantité, n'est pas tout : il y faut aussi la qualité ; il y faut des jeunes gens ayant le noble souci des choses de l'esprit et capables de devenir un jour des hommes tout à fait cultivés. Or, il faut bien le reconnaître, la population scolaire de Rethel, recrutée presque exclusivement parmi les petits commerçants et les fermiers aisés de la région, préférait, aux délicates jouissances de l'intelligence, l'éducation plus utilitaire et plus pratique qui était donnée dans les cours de français (1). De là, pour les enfants qui se destinaient aux carrières libérales, une ambiance un peu terre-à-terre qui ne favorisait pas le plein épanouissement de leurs facultés littéraires :

« ... Notre établissement est toujours très florissant, écrivait M. Dogny, le 23 avril 1876 ; malheureusement, j'ai une classe assez pauvre cette année, et j'aurai bien du mal d'obtenir quelque succès. Je fais pourtant tout ce que je peux !... »

Certes, on pouvait l'en croire sur parole, et

(1) Les élèves qui suivaient ces cours de français se préparaient aux examens du Volontariat, des Postes et Télégraphes, des Arts et Métiers, du Brevet élémentaire ou supérieur, de l'Ecole d'Alfort, des Ponts et Chaussées et des Ecoles d'agriculture. Les résultats obtenus dans ces divers examens étaient plutôt brillants, notamment dans le concours d'admission à l'Ecole des Arts et Métiers, où les premières places étaient presque toujours emportées par les élèves de Rethel.

Dieu seul peut savoir l'écrasante fatigue, la somme énorme d'efforts qu'il s'imposait au service des dix ou douze rhétoriciens qu'il avait mission, chaque année, de transformer en bacheliers.

Ils lui arrivaient, le plus souvent, après des classes de grammaire, faites un peu au hasard et sans trop de méthode ; leurs compositions françaises trahissaient, non seulement une orthographe flottante, mais encore une désespérante indigence d'idées. Visiblement, ils n'avaient rien lu, et leur bagage littéraire se réduisait à des bribes de manuels mal digérées.

En latin, c'était pire encore. Incapables de faires dix lignes de thème sans barbarismes et solécismes, il fallait les amener progressivement à écrire un pseudo-discours latin qui ne fût pas hérissé de trop grosses fautes et pût être accepté par la Faculté. Mais, pour obtenir ce résultat, que d'exercices de toutes sortes ! que de devoirs il fallait donner chaque semaine ! et, surtout, que de copies il fallait corriger et annoter ! J'en appelle à ceux qui ont passé par là, à tous ces professeurs de rhétorique de nos collèges libres qui ont eu le courage d'assumer la tâche, fastidieuse entre toutes, de fabriquer des bacheliers ! Pour ma part, je me souviens qu'à certaines heures de lassitude physique et morale, il m'est arrivé

d'envier le sort des pauvres diables qu'une justice implacable et féroce condamnait jadis à
ramer sur les galères du Grand Roy...

M. Dogny poussait l'oubli de soi jusqu'à
l'héroïsme. Compositions françaises, discours
latins, versions latines et même devoirs d'histoire, il lisait et annotait avec une scrupuleuse
conscience, mais aussi avec une indulgence
peut-être excessive, les nombreuses copies qui
s'amoncelaient, chaque semaine, sur son bureau. Et quand il avait ainsi passé de longues
heures et usé ses yeux à relever des multitudes
de fautes d'orthographe, de solécismes et de
contre-sens, et, qu'en marge, il s'était appliqué
à rectifier les erreurs matérielles et les fautes
de style et de goût, il était en droit de se demander si l'élève s'était donné autant de mal
pour faire son devoir qu'il s'en était imposé à
lui-même pour le corriger (1).

Il ne se contentait pas des classes officielles.
Il prodiguait encore aux retardataires, à ceux
qui, par leur ignorance plus crasse, pouvaient

(1) Il lui arrivait même, pour stimuler le zèle de ses élèves
et exciter leur émulation, d'envoyer leurs copies à un jeune
professeur de rhétorique, lequel, par réciprocité, lui faisait
parvenir aussi les devoirs des siens. Ces échanges donnaient
lieu à de très utiles observations qui tournaient au profit des
candidats.

ralentir la marche en avant de leurs compagnons, des soins supplémentaires et toujours désintéressés. Il les prenait à part pour secouer leur torpeur et les encourager à des efforts plus virils et plus opiniâtres ; puis, quand il les avait ainsi stimulés et réconfortés par de bonnes paroles et qu'il avait suscité en eux des énergies nouvelles, il recommençait pour eux une explication mal comprise, les aidait à refaire un devoir manqué, revoyait avec eux certains points d'histoire et de littérature qu'il jugeait particulièrement indispensables ; bref, si j'ose me servir de cette expression familière, il les « gavait » des notions essentielles dont les malheureux candidats avaient besoin pour affronter le grand jour de l'examen. Besogne ingrate et abrutissante entre toutes, que ne connaissent guère les professeurs de rhétorique de nos grands lycées parisiens, dont l'enseignement reste étranger à toute préoccupation d'examen, mais qui pèse sur les épaules des maîtres de l'enseignement libre, comme une déprimante corvée, comme la plus lourde de toutes les croix.

A ce rude métier, quelques-uns, dit-on, s'enrichissent, et, à force de donner des répétitions bien rémunérées, ils amassent des économies qui les dédommageront plus tard de leurs fatigues et assureront ainsi le pain de leur vieillesse. Ce ne fut guère le cas de M. Dogny. Les innombrables répétitions, qu'il prodigua, sans compter, à ceux de ses élèves qùi en avaient besoin, ne lui valurent jamais un centime de profit. Il se rencontra même des familles aisées qui poussèrent, un peu plus loin qu'il n'eût fallu, la pratique de ce vilain défaut de l'ingratitude, qu'on a spirituellement appelé « l'indépendance du cœur ». Un jour pourtant, un paysan, dont le fils avait été reçu bachelier, vint lui faire une visite au collège pour lui exprimer sa reconnaissance : — « Monsieur l'abbé, lui dit-il, je veux vous prouver que les gens de chez nous ne sont pas des ingrats !... » Et, ce disant, il tira mystérieusement de dessous sa blouse deux bouteilles de cidre mousseux. — « Buvez-le, s'écria-t-il, il est bon, je puis en répondre : c'est moi qui l'ai fait !... » Et comme le bon M. Dogny se confondait en remerciements : — « Seulement, ajouta le père de famille, il faudra me rendre les bouteilles !...» Les bouteilles furent rendues, j'en suis bien certain ; mais je ne serais pas surpris qu'au préalable, le bénéficiaire de ce somptueux cadeau ne les eût fait remplir d'un vin généreux. C'était si bien dans sa manière !...

Les répétitions et leçons supplémentaires ne suffisaient pas au zèle et à la charité de M. Dogny. Quand il savait que la famille de tel ou tel de ses élèves se trouvait dans la gêne, il n'hésitait pas à faire lui-même l'avance de l'argent nécessaire pour les frais d'examen, et même pour le voyage. Et, quand on le grondait de toutes ces générosités, et que le directeur et ses collègues se coalisaient pour l'empêcher de renouveler ce qu'ils appelaient une folie, M. Dogny répondait simplement : « Je suis ici pour faire des bacheliers ; je dois prendre pour cela tous les moyens qui sont en mon pouvoir ».

Ces moyens, il les prit si bien, qu'au dire de l'un de ses collègues, il réussit presque toujours dans sa tâche, et que ceux de ses élèves qui ne devinrent pas bacheliers, ne constituent, en regard des victorieux qui conquirent leur diplôme, qu'une infime minorité.

Que si l'on désire savoir, avec quelque détail, quelle était la méthode de ce maître si généreux et si dévoué, et se rendre compte du plan qu'il s'était tracé à lui-même pour la direction de sa classe, nous avons autre chose que de vagues conjectures ou que des témoignages plus ou moins probants, émanés de ses élèves ou de ses collègues : c'est lui-même qui va nous en faire la confidence.

Voici, en effet, ce qu'il écrivait, le 1er avril

1879, à un jeune professeur de rhétorique qui avait fait appel à ses lumières :

« Rethel, 1ᵉʳ avril 1879.

» Vous me faites l'honneur de me demander des conseils. Hélas ! C'est à peine si, dans ce fouillis du programme, j'y vois clair moi-même. Il y a quelques années, c'était encore assez facile. On avait la bonne habitude de donner, comme devoir latin, un *discours historique,* genre d'amplification où l'on pouvait encore facilement apprendre aux élèves à aligner quelques périodes, quelques lieux communs, dont la correction grammaticale rachetait la banalité et la pauvreté du fond. Aujourd'hui, grâce à la manie d'érudition pédantesque dont fait preuve l'Université, ce sont de véritables thèses de licence, auxquelles je suis absolument étranger.

» Mes élèves étant peu ferrés sur les éléments de la langue latine, disons le mot, sur la grammaire, je leur donne au moins *deux discours latins par semaine ;* je m'attache à les corriger tous, autant que possible, non seulement en leur signalant les fautes, mais en m'essayant à refaire leurs phrases, en changeant leurs tournures, en rectifiant leurs idées. C'est bien ingrat, pas n'est besoin de vous le dire, mais enfin, je ne connais pas d'autre moyen d'aller plus vite ; les élèves qui travaillent bien acquièrent assez promptement une force suffisante. — Je donne en outre deux versions latines par semaine. Inutile de vous dire que, à mon grand regret, mais par la force des choses, je mets complètement de côté les vers latins, et ne donne au discours français qu'une attention secondaire.

» Ce n'est plus là, vous le voyez, une classe de rhétorique. Il ne s'agit pas de développer l'intelligence des élèves, d'enrichir leur imagination, de perfectionner leurs sentiments, de fortifier leur raison. Il faut appuyer sur une seule faculté, une faculté secondaire : la mémoire ; il faut la bourrer, jusqu'à indigestion, de dates, de mots, de choses. — Car, avant tout, il faut arriver au baccalauréat, et les programmes étant ce qu'ils sont, je ne vois pas d'autre moyen d'y satisfaire.

» Quant à un horaire, je n'en ai pas de bien déterminé. A chaque classe, nous récitons une leçon de latin (Cicéron et surtout le *Conciones*) ; une leçon de français, prose ou vers (Bossuet ou le théâtre classique) ; plus une leçon, soit du *Traité de rhétorique*, de Drioux, assez bien fait ; soit de littérature, celle que nous avions autrefois au Petit Séminaire de Reims, soit d'histoire littéraire. — le petit manuel de Gérusez me semble suffisant (1) ; — ensuite explication de trente lignes de grec : le programme en est fort chargé. Le temps qui reste est consacré à la correction des

(1) Il est inutile de faire remarquer que la courte *Histoire de la Littérature française*, par Gérusez, serait considérée aujourd'hui comme très insuffisante.

devoirs écrits, version ou discours. Deux fois par semaine, une explication d'auteurs français, mais très superficielle, le temps faisant absolument défaut pour voir d'une manière approfondie tous les auteurs inscrits au programme. Du reste, je n'apporte pas un soin exagéré à la préparation de l'examen oral, pour plusieurs raisons ; d'abord, de tous les élèves que j'ai fait admettre jusqu'ici à l'examen écrit, un seul a échoué à l'oral ; ensuite, les élèves, entrant en cela dans l'esprit du programme, sont assez disposés par eux-mêmes à cultiver leur mémoire et à sacrifier à ce soin même la préparation écrite ; ils trouvent dans les différents manuels, laissés à leur disposition, ceux de Merlet ou du P. Mestre, à peu près tout ce qui leur est nécessaire de savoir. — Pour les auteurs grecs, vu leur grand nombre, je leur permets une traduction juxtalinéaire. Cela leur apprend peu de grec ; mais on va plus vite : c'est l'important. — En fait d'auteurs latins, je m'attache au *Conciones*, c'est un excellent modèle ; je fais voir aussi un peu de Cicéron, de Plaute, de Lucrèce, de Tacite, mais cela, quand il nous reste un peu de temps. — En un mot, je fais comme je puis, et ce n'est pas toujours facile ».

Et, comme à cette époque, le discours latin, qui devait disparaître du programme quelques années plus tard, était considéré comme l'épreuve la plus difficile du baccalauréat, et

que le correspondant de M. Dogny lui demandait de nouvelles précisions, le professeur de
Rethel, dont l'obligeance était inépuisable, dévoilait, sans ambages, dans la lettre qu'on
va lire, les moyens techniques auxquels il
avait recours pour infuser un peu de latin dans
la cervelle de ses rhétoriciens :

« 10 mai 1879.

» Vous me demandez des conseils pour amener
vos élèves à faire un discours latin passable. Je
vous avoue que je suis embarrassé. Je profite du
désir ardent que les miens ont d'arriver, et de
la complaisance, pour ainsi dire, qu'ils mettent
à se laisser traiter. Je leur donne force discours
latins et, malgré la répugnance que leur inspire
cette langue, ils se prêtent volontiers à les faire.

» Je suis quelquefois trois ou quatre mois sans
constater aucun progrès : toujours les mêmes fautes, toujours le même manque de latinité ; puis
enfin ils commencent à se dégrossir un peu, jusqu'à ce qu'ils arrivent au minimum de perfection
voulue. Mais quel travail fastidieux de lire, d'annoter chaque jour tant de fadaises, pauvres de
fond comme de forme !

» Je leur laisse entre les mains des recueils
de discours, tels que ceux de Dubois ou de Leroy :
ils pillent, ils copient sans conscience ; ils ne me
trompent pas. Mais au moins ces plagiats les habituent à écrire moins platement ; ils logent dans

leur esprit des lambeaux de phrases, qu'ils pourront un jour accommoder, que bien que mal, au sujet qui leur sera imposé.

» Puis, je leur fais repasser à la hâte leur grammaire latine, dont la plupart n'ont qu'un vague soupçon. Je leur fais apprendre encore force discours du *Conciones*. C'est mon livre favori : je le crois plus capable de les former que Cicéron, dont les longues périodes et les interminables développements peuvent si difficilement trouver place dans un discours de trois pages.

» Voilà le système qui m'a à peu près réussi jusqu'à présent, le seul, du reste, dont je sois capable, car il ne demande au professeur ni grand talent, ni grand génie ».

A parler franc, si ces deux lettres attestent la lourdeur de la tâche assumée par le professeur de Rethel, elles ne sauraient être invoquées comme un témoignage décisif en faveur de la méthode que les circonstances, souvent plus fortes que les hommes, l'avaient condamné à suivre.

Cette méthode, en effet, nous apparaît aujourd'hui un peu étroite, desséchante et à peu près stérile pour la formation intellectuelle des élèves. Elle manquait absolument d'horizons, et alors même qu'elle réussissait à conduire les candidats jusqu'à l'obtention du diplôme, outre qu'elle exigeait un labeur écrasant de la part des élèves et du professeur, elle allait à l'encontre de ce qui est proprement le but des études littéraires, puisqu'elle tendait à substituer une sorte de « gavage » mécanique à l'harmonieux développement des facultés de l'esprit. En suivant un tel système, on pouvait sortir des mains du maître le plus éminent avec un diplôme de bachelier en poche, mais aussi avec l'intelligence à peu près vide de toute connaissance raisonnée et de toute pensée personnelle. C'était, purement, du psittacisme et non l'effort d'un esprit qui réfléchit, d'une conscience qui juge, d'un cœur qui vibre aux plus nobles émotions.

Mais, encore une fois, ce système, M. Dogny ne l'avait pas inventé. C'était un héritage qu'il avait reçu de ses prédécesseurs et qu'il avait dû subir à son tour. On peut même ajouter que c'est le système qui s'imposera toujours à n'importe quel professeur de rhétorique, dans n'importe quel établissement secondaire, tant que son enseignement restera subordonné à la préparation au baccalauréat et qu'un sévère examen de passage n'interdira pas aux sujets médiocres ou nuls l'entrée de sa classe.

Je sais bien qu'il faut compter avec les doléances et les récriminations des familles, comme avec les nécessités du recrutement. Mais, si j'en juge par ce que j'ai vu se pratiquer dans certaines maisons de premier ordre, les élèves ne font jamais défaut aux collèges dont la réputation au point de vue des études est solidement établie ; et, les familles, à leur tour, n'hésitent pas à s'incliner devant les mesures les plus rigoureuses, quand il leur est démontré qu'elles sont prises pour le plus grand bien de leurs enfants.

*
* *

En tout cas, nul ne souffrait plus que M. Dogny du lourd boulet qu'il traînait après lui. Il en vint même à ce point de découragement, qu'à plusieurs reprises, en 1880 et en 1881, il demanda la faveur d'être déchargé de sa classe. La crainte de paraître rétrograder ou déchoir ne l'effrayait aucunement. L'essentiel, pour lui, était d'être délivré de ce programme touffu et compliqué auquel, disait-il, il ne comprenait rien, délivré surtout de ces élèves médiocres, sans curiosité et sans goût, dont le désir de réussir n'était pas douteux, mais qui, le plus souvent, étaient rebelles à toute étude désintéressée et incapables de toute culture tant soit peu raffinée.

Mais, ni le directeur de la maison, ni surtout l'Archevêque, ne prenaient au sérieux ses doléances : on se contentait d'y voir une nouvelle preuve de son excessive modestie, et, avec de fort bonnes paroles, on le rivait de nouveau à son banc de galère.

Quand s'ouvrait la session du baccalauréat, les inquiétudes que lui inspiraient ses élèves devenaient pour le professeur une sorte d'obsession et de cauchemar :

« Il m'a été impossible, écrivait-il, de leur faire entrer dans la tête la moindre notion du discours latin : c'est leur endroit faible, ou plutôt nul. Ils possèdent assez bien leur oral ; mais ils échoueront *tous* pour le discours.

» Il est ennuyeux cependant, conclut-il avec mélancolie, quand on a fait tous ses efforts, d'aboutir à un échec sur toute la ligne. Ce malheur ne m'est pas encore arrivé ; mais il arrivera certainement cette année. Après tout, j'ai fait ce que j'ai pu. Advienne que pourra ! »

Pas plus que les généraux, les professeurs de rhétorique ne peuvent se flatter de maitriser les caprices de la victoire. Tous sont obligés, une fois ou l'autre, d'enregistrer des défaites plus ou moins humiliantes, qui tiennent, tantôt à l'exceptionnelle sévérité des jurys d'examen, tantôt au peu de valeur des troupes qu'ils ont menées au combat. Donc, c'eût été miracle que M. Dogny n'eût pas connu ces jours sombres, où le dévouement le plus intrépide n'est pas récompensé, où les espoirs les mieux justifiés se trouvent confondus.

Mais, dans sa candeur, il ne s'en prenait jamais à personne qu'à lui, et c'est presque avec allégresse qu'il informait un ami de l'échec de ses élèves :

« J'ai remporté, lui écrivait-il, la plus jolie veste qui, de mémoire d'homme, ait revêtu les épaules d'un professeur de rhétorique. Tous mes pauvres élèves, à l'exception d'un seul, sont revenus bredouilles, résultat depuis longtemps prévu, et prévision malheureusement trop bien réalisée ».

Hâtons-nous d'ajouter que, cette année-là, la session de novembre fut plus clémente à l'impressionnable professeur et que ses éclopés du mois d'août réussirent à effacer la honte de leur défaite, en prenant une éclatante revanche.

*
* *

Le seul point peut-être où M. Dogny pouvait prêter le flanc à quelques critiques, c'était la discipline. Sa bonté était si notoire que les élèves n'hésitaient pas à en abuser. Rien, en effet, ni dans son attitude, ni dans ses gestes, ni dans son regard, ni dans sa parole, ne révélait l'homme d'autorité et de commandement. Il n'avait, à aucun degré, l'étoffe d'un colonel, et la fermeté n'était pas son fait. Il s'en rendait si bien compte lui-même, qu'ayant, un jour, menacé sa classe de se montrer « féroce », et l'un des élèves lui ayant demandé *comment il ferait,* le bon M. Dogny ne put s'empêcher de sourire, et d'oublier à l'instant son juste ressentiment. Son seul moyen d'action était de dire à ses élèves que leur conduite lui « faisait de la peine ». Je me souviens que cette simple déclaration, faite d'un ton attristé, avait pour effet immédiat de tout faire rentrer dans l'ordre, tant était profonde l'impression qu'elle produisait sur mes condisciples et sur moi !

Mais, une discipline, qui est ainsi fondée sur le sentiment, risque fort de n'avoir aucune prise sur les natures peu délicates ou vulgaires, et celles-ci sont généralement les plus nombreuses. Quoi qu'il en eût, M. Dogny était donc parfois obligé de punir, mais c'était toujours à la dernière extrémité, et quand la miséricorde n'était vraiment plus de mise. Il prenait alors des airs courroucés et indignés, jetant sur le coupable des regards qui voulaient être terribles et agitant bruyamment, en des gestes courts, les livres qui se trouvaient sur son bureau ; après quoi, tout se bornait à envoyer l'élève dans un coin de la classe, et à l'y laisser debout, le dos tourné à ses condisciples, pendant un petit quart d'heure. Le supplice ne durait jamais davantage. Si la pénitence était faite d'une façon à peu près convenable, le professeur se laissait apitoyer, et, après avoir adressé au délinquant une petite semonce et lui avoir légèrement pincé la joue, en signe de pardon, il le renvoyait à sa place. N'est-ce pas dire que, pendant les trente années de son professorat, il ne fut jamais question d'élèves martyrs dans la classe de M. Dogny, et que sur l'aménité trop débonnaire de son caractère, comme sur la valeur de son enseignement, les familles étaient pleinement rassurées ?...

Peut-être même pourrait-on faire grief à M. Dogny, dans ses relations avec les parents de ses élèves, de s'être trop appliqué à ménager leur amour-propre. Au lieu de leur dire tout crûment la vérité sur la paresse ou l'incapacité de leur progéniture, il avait recours, lui pourtant si loyal et si droit, à tous les artifices de la rhétorique, pour ne leur faire entendre que des paroles agréables et pleines d'espoir. L'enfant était toujours un bon garçon, pas mal doué, plein de cœur, et, pour peu qu'il voulût travailler, il était apte à réussir tout comme un autre. Après quoi, les parents se retiraient, charmés, rassurés, très fiers des talents de leur fils et savourant, par avance, l'immense joie que ne manquerait pas de leur procurer son triomphe au baccalauréat.

*
**

Deux fois, au collège de Notre-Dame de Rethel, M. Dogny fut chargé de prononcer le discours d'usage, pour la distribution des prix ; et ces deux journées furent pour lui comme le couronnement et la consécration officielle de la popularité de bon aloi qu'il s'était acquise dans la maison.

Il m'a été impossible de retrouver le premier de ces discours, qui date de 1878. Mais, à défaut de mon opinion personnelle, voici celle de l'orateur lui-même :

« Figurez-vous que j'ai été désigné cette année pour prononcer, à la distribution des prix, le discours d'usage. Et selon ma louable habitude, je réservai cette besogne pour les derniers jours.

» La distribution des prix avait lieu à dix heures, mardi ; je le terminais mardi, à une heure du matin. C'était, comme vous le voyez, une œuvre très hâtée, à laquelle il manquait la dernière main. On eut cependant, et Monseigneur comme les autres, l'extrême charité de trouver qu'il n'était pas trop mal réussi.

» J'avais pris comme sujet : « La nécessité qui s'impose à chacun des élèves, non pas de devenir un orateur, mais d'arriver à pouvoir, de vive voix ou par écrit, exprimer avec justesse et convenance ses pensées et ses sentiments ». J'ai passé en revue les diverses circonstances où ils auront besoin de savoir parler ou écrire.

Dans le second point, j'ai commenté la définition de Buffon : « Bien parler, c'est à la fois bien penser, bien sentir et bien rendre ». Et puis ce fut tout. J'en eus pour une demi-heure ».

On remarquera la façon discrète et presque détachée dont M. Dogny parle de son œuvre. Il en fait une analyse précise et complète pour indiquer à son correspondant le plan qu'il a suivi et lui donner comme la substance même du sujet qu'il a traité ; mais sa pudeur, semble-t-il, lui interdit de parler de son succès et de rappeler les félicitations que lui a values sa harangue académique.

Le discours sur *le Goût*, qu'il prononça en 1889, c'est-à-dire à une date où il était en pleine possession de son talent et de sa réputation de professeur, vaut d'être étudié de plus près. En abordant ce sujet du goût, on peut dire qu'il était sur son terrain et qu'aucune question littéraire ou philosophique ne lui était plus familière que celle-là.

Après un délicat compliment à Mgr Langénieux, qui présidait la distribution, M. Dogny fait le procès des méthodes nouvelles qui tendent à prévaloir dans l'enseignement public et même à la Sorbonne. « Sous prétexte, dit-il, de reconstituer le milieu où s'est développé le génie de chaque grand écrivain, on se perd en détails infinis sur sa famille, sur ses ancêtres, sur le pays où il est né, sur les événements auxquels il a été mêlé. Avec une exactitude minutieuse, on explore les abords du temple, mais on se garde bien de pénétrer dans le sanctuaire ». Ajoutez à cela que la critique contemporaine « élève sur le même piédestal les géants et les pygmées ; elle accorde aux œuvres secondaires l'attention réservée autrefois aux seuls ouvrages de génie ; elle ne veut plus distinguer Lucain de Virgile, elle semble avoir, comme le disait naguère un spirituel académicien, la passion et la nostalgie des microbes dans l'ordre intellectuel ».

D'où vient cette erreur d'appréciation ? — D'un manque de goût. Il suffira donc de remettre en faveur cette qualité un peu subtile, mais pourtant essentielle, pour que la critique, aussi bien chez les disciples que chez les maîtres, sache sentir et démêler, comme il convient, les qualités et les défauts dans les ouvrages de l'esprit.

A son sens, le goût se compose de deux élément : l'intelligence et la sensibilité. Le goût ne s'improvise pas ; on en fait l'éducation, comme celle de toutes les autres facultés. Ses règles ne sont pas arbitraires, car il y a des principes « fondés sur la nature éternelle du beau et sur ses rapports avec les facultés de l'âme ».

Dans la seconde partie, l'orateur passe en revue les avantages que procure le goût. « Tout d'abord, dit-il, l'homme de goût éprouve, dans une mesure inaccessible à tout autre, le sentiment des joies intellectuelles, les seules, après les austères plaisirs de la vertu, ne laissant aucune amertume au fond de l'âme et dont le souvenir même plaît toujours. Semblable à une harpe éolienne, dont le plus léger souffle fait harmonieusement vibrer les cordes, son esprit tressaille à la moindre expression de la beauté ».

Ces joies, si douces et si pénétrantes, on les trouve dans le commerce des grands écrivains, même de certains auteurs d'une renommée moins classique. Et, à lire ces pages immortelles, n'est-ce pas le plus sûr moyen d'échapper « aux réalités souvent si tristes de la vie quotidienne ? »

Le goût n'est pas un article de luxe réservé aux seuls privilégiés de l'esprit. Il est utile, indispensable à tous ceux qui écrivent, pour défendre, soit la religion, soit la morale. Mais quel charme ne donne-t-il pas aux simples conversations, aux causeries intimes, où l'homme de goût gagne tous les suffrages par la réserve pleine de tact de ses propos et aussi par l'art nuancé avec lequel il aborde les sujets les plus délicats ? Enfin, le goût fait « l'honnête homme » au sens que l'on donnait, au XVII\ :sup:`e` siècle, à cette expression. A ce propos, M. Dogny essaie d'établir que, chez tous les peuples, les époques dites classiques correspondent à un progrès de la politesse et de la moralité. Non pas que « l'esthétique se confonde avec la morale ». Mais le Beau et le Bien sont « deux rayons qui, s'élevant de deux points différents ici-bas, vont dans le ciel se rejoindre au même foyer qui est Dieu ».

Après avoir donné à son jeune auditoire des conseils pratiques sur la manière de faire l'éducation du goût, M. Dogny termine par cette page éloquente, qui est encore, à présent, d'une saisissante actualité :

« Permettez-moi, mes chers amis, de vous prémunir contre un danger menaçant pour notre avenir littéraire. Faut-il en accuser le développement chaque jour croissant des sciences exactes et positives, ou les théories utilitaires si fort à la mode, ou l'impatience des études purement spéculatives, et la fièvre d'arriver au but au plus tôt ? Quelle qu'en soit la cause, il se manifeste dans la jeunesse française une sorte de lassitude à l'endroit des lettres : cette disposition va, chez quelques-uns, jusqu'à un scepticisme dédaigneux, jusqu'à une complicité inconsciente avec les réformateurs imprudents, jaloux de restreindre encore le cercle des études classiques, déjà si compromises. Pour vous, vous résisterez à ce courant ; et, fidèles aux bonnes traditions, vous continuerez, selon l'expression énergique d'un auteur du grand siècle, à vous laisser aller de bonne foi aux choses qui vous prennent par les entrailles ; vous étudierez, sans préoccupation, le beau pour lui-même et pour les jouissances intellectuelles et morales dont il est la source ; et cette étude désintéressée sera, croyez-le, le plus court chemin vers le succès final, objet légitime de votre ambition ».

Voilà les nobles et hautes leçons qu'en une circonstance solennelle M. Dogny fit entendre à ses élèves de Rethel. Elles n'étaient, en réalité, que le prolongement et comme l'écho fidèle des conseils éclairés et judicieux qu'il prodiguait depuis près de vingt ans à ses rhétoriciens. En parlant du goût comme il venait de le faire, avec une maîtrise à laquelle tout le monde rendit hommage et dans une langue lumineuse et forte qui ne faisait que souligner la vigueur de la pensée, M. Dogny pouvait se dire que, sous une forme moins officielle et dans ses classes de chaque jour, il n'avait pas dit autre chose. C'étaient, au fond, les mêmes principes, les mêmes règles invariables qui avaient inspiré tout son enseignement.

*
* *

Le lecteur est maintenant fixé sur ce que, dans le jargon de la philosophie moderne, on pourrait appeler « l'intellectualité » de M. Dogny. Cette intellectualité était de qualité tout à fait rare, et, dans l'opinion des prêtres de sa génération, on ne pouvait guère citer que quelques membres du clergé, en très petit nombre, qui pussent lui être comparés, soit pour l'étendue des connaissances, soit pour l'art de la composition littéraire.

Au jugement de ses collègues, qui le voyaient chaque jour à l'œuvre et s'associaient parfois à ses travaux, M. Dogny possédait à fond les trois littératures classiques. Il ne s'était pas borné à lire avec attention les prosateurs et les poètes de l'antiquité ; il s'était encore assimilé la plupart des travaux critiques qui avaient paru à leur sujet, au cours du xixᵉ siècle.

Pour la littérature française, son érudition était presque déconcertante. Depuis Villon et Marot, jusqu'aux plus récents Parnassiens, y compris Verlaine, son collègue à Rethel, tous les poètes lui étaient familiers. Il avait de même étudié les grandes œuvres de nos prosateurs, étendant sa curiosité bien au-delà des livres ou fragments inscrits dans les programmes. Il n'avait reculé, ni devant les œuvres complètes de Montaigne, ni devant celles de Bossuet ; celles même de Buffon ne l'avaient pas rebuté. Et, parallèlement à cette connaissance des textes, il s'était appliqué à étudier en détail la vie de ces maîtres qui sont la gloire des lettres françaises, et, à l'école de Sainte-Beuve, de Brunetière, de Faguet, de

Jules Lemaître, et de tant d'autres critiques dont les œuvres lui étaient familières, il s'était efforcé de surprendre la source de leur inspiration et le secret de leur génie.

Chose curieuse ! lui qui, dans son discours sur le goût, avait fait assez bon marché des écrivains du XVIIIe siècle, dont il jugeait la lecture dangereuse pour la foi et pour les mœurs ; lui qui surtout avait paru traiter, avec une sorte de dédain, les auteurs les plus réputés du XIXe siècle, disant qu'ils n'étaient que la menue « monnaie des génies » du grand siècle, il recherchait, avec une insatiable curiosité, toutes les productions littéraires qu'il voyait signalées dans les revues et les journaux. Qu'il s'agît de romans à la mode, de pièces de théâtre ou de poésie, il s'intéressait à tout, il dévorait tout, et les sacrifices d'argent les plus onéreux lui semblaient légers pour satisfaire son désir de se renseigner (1). Ajoutons, on l'a vu, qu'il était passé maître dans l'art de la composition, et que, quand, par hasard, il écrivait quelque chose, chacun admirait l'élégante simplicité de son style et la finesse de son jugement.

(1) Fort heureusement pour sa bourse, M. Dogny trouvait en abondance dans la bibliothèque de l'un de ses collègues, M. l'abbé X..., plusieurs des livres nouveaux et des revues qu'il convoitait, et que celui-ci lui communiquait avec une inlassable obligeance.

On se demandera donc, — et, pour ma part, je me suis posé vingt fois la question, — pourquoi un professeur si exceptionnellement doué et qui, au prix d'une formidable lecture, avait emmagasiné dans son cerveau un prodigieux trésor de connaissances de toutes sortes, aussi bien dans le domaine des sciences (1) que dans celui des lettres, n'a rien laissé après lui qui puisse témoigner de la valeur de son intelligence et de la distinction de son enseignement. Il est vraiment dommage qu'après avoir conquis, comme en se jouant, le diplôme de licencié, il n'ait pas fait, en vue du doctorat, une de ces thèses qui consacrent la réputation d'un homme, et lui assurent une place dans le noble Sénat des lettres, ou que, tout au moins, il n'ait pas utilisé ses innombrables notes pour composer quelque beau livre de littérature ou de pédagogie, qui lui aurait survécu et aurait été comme la continuation écrite de ses leçons orales.

C'était là, peut-être, son rêve secret, et, bien qu'il ne m'ait fait à cet égard aucune confi-

---

(1) Un de ses collègues rapporte qu'au cours d'une promenade faite ensemble sur la route de Flandre, à Charleville, et passant devant une usine métallurgique, M. Dogny lui expliqua la nouvelle méthode employée pour la fabrication de l'acier, — probablement la méthode Martin, — avec un luxe et une précision de détails dont un ingénieur lui-même aurait pu être jaloux.

dence, il n'est pas impossible qu'à certaines heures d'entrain et de vaillance, il ait envisagé la besogne d'auteur, comme le couronnement de sa carrière de professeur.

Mais, outre que sa modestie native s'effarouchait à la seule pensée de ces rêves ambitieux, il faut bien reconnaître que le temps lui faisait complètement défaut pour s'atteler, comme il l'eût voulu, à une œuvre de longue haleine. Absorbé et même écrasé par le métier de préparateur, il n'avait guère le cœur, une fois sa besogne terminée, à s'enfermer dans sa modeste chambre pour y faire des recherches, transcrire des documents, élaborer le plan d'un livre, ou même simplement rédiger un article de revue. Epuisé de fatigue, et les nerfs plus ou mois surmenés par la turbulence de ses élèves, il éprouvait un impérieux besoin de détente, et les rares instants de loisir qu'il ne donnait pas à la méditation et à la prière, il les consacrait plus volontiers à quelque lecture reposante, ou, très souvent encore, à des entretiens pleins d'agrément, avec ses collègues et ses amis.

Et c'est ce qui explique pourquoi ce professeur, si riche de science et d'expérience, est mort sans avoir rien publié, en dehors de deux discours de distribution de prix ; — pourquoi aussi sa parole, qui tombait toujours sympathique et lumineuse de sa chaire, a brusquement cessé d'éclairer et de réconforter la jeunesse ardennaise.

Sans le savoir, peut-être, et par le seul effet d'un très respectable scrupule de conscience, il a suivi l'exemple de ces maîtres éminents, soit de l'Université, soit de l'Enseignement libre, qui, prenant tout à fait au sérieux leurs obligations professionnelles, ont mis leur ambition à former d'excellents disciples, plutôt qu'à écrire de savants ouvrages. Noble effacement, qui est le privilège des âmes généreuses et qui assure à leur nom une gloire plus discrète, mais non moins durable ni moins fructueuse que celle des œuvres les plus renommées !

Le vrai livre de M. Dogny, le seul qu'il ait laissé après lui, mais qui témoigne d'un prodigieux labeur, il faut en chercher les feuillets épars dans les centaines de jeunes gens qu'il a façonnés, en qui il a mis le meilleur de son esprit et de son cœur et qui garderont longtemps le culte pieux de sa mémoire.

CHAPITRE VII

A l'Ecole des Carmes. — La licence
(1882-1883)

Si, dès le Petit Séminaire, nous l'avons vu, Léon Dogny avait orienté ses désirs vers la carrière du professorat, il était en droit d'espérer qu'on lui faciliterait le moyen de réaliser son rêve, en l'envoyant à l'Ecole des Carmes.

L'Ecole des Carmes est une sorte d'école normale, destinée à former des professeurs pour les collèges ecclésiastiques. Elle est installée, comme on sait, dans ce vieux couvent des Carmes, où, en 1792, se déroula la sanglante tragédie des massacres de septembre, et qui, pendant quelques années, servit provisoirement d'asile au Père Lacordaire et à sa jeune communauté de Dominicains.

L'Archevêché racheta ensuite la maison et y établit cette école d'études supérieures, qui conquit très vite, en France, le meilleur renom scientifique. En 1875, quand fut fondé l'Institut catholique de Paris, les élèves de l'Ecole des Carmes durent se grouper dans le vieux bâtiment central, et le reste de l'immeuble fut réservé aux nouvelles facultés qui venaient d'être fondées, sous la protection du cardinal Guibert et des Evêques de la région parisienne. Depuis, les deux établissements restent pour ainsi dire soudés l'un à l'autre, tout en gardant chacun la physionomie qui lui est propre.

Le but spécial de l'Ecole des Carmes a toujours été de préparer les jeunes clercs aux diverses licences. C'est pourquoi, depuis bientôt soixante ans, les diocèses ont l'habitude d'y envoyer leurs sujets d'élite, tant pour y prendre les grades universitaires que pour s'y former au professorat des séminaires et collèges libres.

Sous le cardinal Gousset, il ne semble pas que le diocèse de Reims ait songé à bénéficier, pour ses prêtres, des avantages que procurait ce foyer de haute culture littéraire et scientifique. Epris de théologie par-dessus tout, le vieux cardinal n'attachait pas une importance souveraine aux futilités des sciences profanes. Son séminaire, tel qu'il était organisé sous son contrôle et sa surveillance, lui paraissait largement suffisant pour l'éducation de son clergé, et s'il avait dû envoyer quelques sujets au dehors, tout fait croire que ses préférences fussent allées aux Universités romaines.

Avec Mgr Landriot, on comprit mieux l'utilité des grades, pour donner plus de prestige et d'éclat à l'enseignement libre. On commença par envoyer un jeune prêtre à l'Ecole des Carmes, — c'était M. l'abbé Péchenard, aujourd'hui évêque de Soissons, — et l'expérience, je n'ai pas besoin de le dire, réussit pleinement. M. Péchenard revint à Reims, avec un diplôme dont le lustre impressionna vivement ses compagnons et ses amis.

Il y avait donc lieu d'espérer que d'autres jeunes prêtres seraient désignés, par la suite, pour jouir du même privilège. Mais la guerre survint, et, avec elle, les catastrophes de toute sorte qui atteignirent la vie religieuse aussi bien que la vie économique et sociale de tout le pays.

En avril 1871, quand les deux séminaires et le collège Notre-Dame rouvrirent leurs portes, on eût été peut-être bien inspiré en envoyant à Paris une nouvelle escouade de jeunes prêtres destinés au professorat. Mais le désarroi était si général et les esprits étaient si peu tournés du côté des préoccupations scientifiques, que l'Administration pourvut en hâte aux besoins de ses établissements, sans se soucier d'assurer à ces maîtres improvisés le bienfait d'une sérieuse formation intellectuelle et pédagogique. C'est ce qui explique pourquoi M. Dogny fut nommé d'emblée pro-

fesseur de seconde, au Petit Séminaire de
Reims.

En novembre 1872, quand il fut dépossédé
de sa chaire, au profit du seul licencié que
comptât alors le diocèse, il eût été tout naturel
qu'à titre de compensation, on lui assurât une
bourse à l'Ecole des Carmes. Ses brillants succès scolaires et le talent dont il avait déjà
fait preuve, comme professeur, auraient amplement justifié cette faveur. Mais l'idée ne
vint ni à M. Périn, ni à M. Juillet, et il dut
prendre le chemin de Courville, avec la per-
suasion intime, mais un peu amère, que ses
supérieurs le jugeaient inapte à la carrière du
professorat, — la seule cependant pour laquelle il se sentît un irrésistible attrait.

Onze mois plus tard, jour pour jour, il était
tiré de son erreur en recevant sa nomination
de professeur au collège de Rethel. Ce brusque
revirement, qu'il n'avait en rien provoqué, fit
luire un peu d'espérance dans son âme endo-
lorie ; il y voyait la preuve que l'Archevêché
se rendait un compte plus juste de ses aptitudes et de ses goûts.

*
**

Il partit donc pour Rethel avec une satisfaction non dissimulée et, très simplement, mais
avec bravoure, il se consacra à sa nouvelle
besogne. Une chose pourtant mettait une note

de mélancolie dans sa joie d'avoir recouvré une chaire et des élèves, c'est qu'il n'était pas licencié. Il devinait qu'un jour ou l'autre, peut-être avant peu, ce diplôme serait obligatoire pour les professeurs des collèges libres, comme pour ceux de l'Université ; et il se demandait avec effroi ce qu'il adviendrait de lui, si cette obligation venait à être inscrite dans un texte de loi.

Il n'était pas seul à se préoccuper de cette éventualité. Pour y parer, l'Administration archiépiscopale, sous l'heureuse impulsion de Mgr Langénieux, envoyait, de temps à autre, quelques ecclésiastiques à l'École des Carmes; et, comme ces choix, inspirés par on ne sait quelle règle, ne ralliaient pas tous les suffrages et ne désarmaient pas toutes les critiques, le professeur de rhétorique de Rethel en venait, peu à peu, à se demander pourquoi il était oublié au profit de sujets qui ne le valaient peut-être pas, et qui, sûrement, présentaient de moindres garanties de succès.

« Le diocèse de Reims, écrivait-il en 1878, est pris d'un beau feu pour les hautes études » ; et, après avoir cité les noms des élus, il ajoutait, non sans une pointe de tristesse :

» Pour moi, j'en ai pour quelques années à peine, jusqu'à ce qu'arrivent en foule de Paris ces jeunes licenciés frais émoulus qui me détrôneront sans peine. Je trouverai bien alors un Courville quelconque, où je tâcherai de finir ma carrière en faisant quelque bien ».

Cette même année, il écrivait encore :

« Au milieu des licenciés qui pullulent dans le diocèse, je vois que ma position devient de plus en plus fausse, et, si j'en crois certains symptômes, le jour n'est pas loin peut-être, où il me faudra leur céder la place ».

Et comme son ami, à qui il ouvrait volontiers son âme, achevait lui-même de préparer son examen et s'efforçait de l'encourager au travail, M. Dogny lui répondait, le 4 février 1879 :

« Je n'ai pas l'intention de marcher sur vos traces ; je ne m'en sens ni la force ni le courage. Surtout, je n'en ai pas le temps, ma classe actuelle renfermant un nombre d'élèves double de celui des années précédentes.

» Je reconnais maintenant, mais trop tard, le tort que j'ai eu de ne pas travailler ou de ne pas diriger mon travail vers ce but. Car je vois avec terreur s'approcher le temps où, faute de diplôme, il me faudra renoncer à une carrière que j'aime par-dessus toute autre.

» Pourquoi aussi, ai-je eu le tort, ou plutôt le malheur d'encourir certaines disgrâces imméritées, je crois, et qui ne sont pas encore arrivées à leur terme ?

» C'est là, à n'en pas douter, l'origine d'un découragement qui me sera bien funeste ».

Dès lors, la nécessité du diplôme devint pour lui une sorte d'obsession et de hantise. Il voulait, coûte que coûte, sortir de cette « situation fausse », qui était pour lui une source de perpétuelles angoisses. Deux issues seulement se présentaient à lui : ou faire une démarche pour obtenir une bourse diocésaine à l'Ecole des Carmes, ou préparer seul sa licence.

La démarche, s'il avait eu assez de décision pour la faire, aurait été sans doute bien accueillie ; car il faut dire, à la louange de Mgr Langénieux, que, sans être un professionnel de l'érudition, il avait une rare intelligence des besoins nouveaux de l'Eglise de France, et qu'il ne reculait devant aucun sacrifice pour procurer à ses établissements scolaires un personnel de valeur. Il connaissait M. Dogny et le tenait en particulière estime. Il est donc infiniment probable qu'il se serait empressé d'agréer sa demande et de l'envoyer à Paris

Mais celui-ci, en dépit d'une humeur accommodante qui se prêtait à tout, opposait une résistance inattendue, dès qu'il s'agissait d'accomplir un acte qu'il jugeait peu d'accord avec le souci de sa dignité. Le métier de solliciteur ne lui convenait nullement, et il mettait sa fierté à s'abstenir de tout acte, de tout geste, de toute parole qu'on eût pu prendre pour une requête.

Restait le travail solitaire, acharné, loin des cours et des bibliothèques, loin surtout de cette atmosphère d'étude qui, dans une école supérieure, entraîne, presque malgré eux, les candidats les plus lents à se mouvoir. Mais pour arriver au succès dans des conditions si défectueuses, il lui eût fallu d'abord des loisirs qu'il n'avait pas, étant tiraillé par les besognes multiples de l'enseignement, de la surveillance, de la direction spirituelle des élèves. Il lui eût fallu surtout une énergie, une ténacité, une bravoure en face de la difficulté, dont son ami, M. Gillet, lui avait donné un si magnifique exemple, en enlevant sa licence, pour ainsi dire au pas de charge, comme tout ce qu'il entreprenait. Mais notre ami n'avait, à aucun degré, l'allure martiale d'un zouave ; les vigoureux coups de collier répugnaient à la pesanteur de son tempérament physique. Mais ce qui lui faisait surtout défaut, c'était cette belle assurance, cette imperturbable confiance en soi, qui, dans les examens comme dans les batailles, est le secret presque infaillible de la victoire.

Enfin, il faut bien le dire, il avait le goût trop difficile, et cette qualité, si précieuse mais si exigeante, devenait pour lui une cause de faiblesse. Au lieu d'exciter son ardeur, elle n'aboutissait le plus souvent qu'à paralyser son élan et son esprit d'initiative. Jamais il n'était satisfait de lui-même, ni du travail qu'il avait exécuté. Tentait-il de composer une dissertation ? Ce sujet lui apparaissait, dès l'abord, comme trop compliqué pour ses faibles lumières ; les livres lui manquaient pour documenter son œuvre, ou, s'il venait à bout de la mettre sur pied, il jugeait son style déplorablement plat. Les vers latins surtout l'épouvantaient :

« J'ai eu la mauvaise idée de m'acharner à faire, *invitâ Minervâ*, des vers latins, genre de travail pour lequel je ne suis nullement fait et que j'avais négligé depuis bien des années. Bien entendu, mes efforts demeurèrent stériles ; il ne me vint ni idées ni expressions ».

Une fois pourtant, — c'était en 1880, — il remporta un succès qui était de nature à lui faire prendre courage et à flatter son amour-propre. Voici comment il raconte lui-même la chose, dans un billet confidentiel du 27 juillet :

« Il y a quelque temps, j'ai eu la fantaisie d'essayer une dissertation latine et un thème grec. J'ai trouvé ces deux exercices fort pénibles, et il m'a fallu l'exemple d'un confrère pour me soutenir jusqu'au bout. Nous avons envoyé nos essais à M. J... — (un très remarquable professeur du lycée Henri-IV, à Paris). — Il me les a renvoyés avec force observations très judicieuses, et il a bien voulu, néanmoins, me donner un 13 pour ma dissertation ; et pour mon thème grec, devinez ?... 18, avec cette mention : très bon thème. Il est vrai que mon confrère m'avait corrigé un ou deux barbarismes et mis les accents. Toutefois, je n'étais pas trop mécontent de moi, au point de vue grécité ».

L'épreuve était donc faite, et de façon décisive. Avec de la méthode et un peu de continuité dans l'effort, rien ne lui était plus facile que d'acquérir très rapidement ce tour de main spécial qui est propre aux devoirs de licence, et auquel arrivent, sans trop de peine, nombre de candidats beaucoup moins heureusement doués que lui.

C'était précisément le cas de son ami et ancien élève, lequel, pourtant, avait trouvé le moyen de mener de front la direction d'une classe de rhétorique assez nombreuse et la préparation de son examen. De temps à autre, et sur les instances mêmes de M. Dogny, il lui envoyait les sujets de devoirs qu'il recevait de la Faculté ; souvent même, pour stimuler son ardeur et lui prouver que le but poursuivi n'était pas inaccessible, il lui faisait parvenir ses propres copies, avec les corrections des professeurs. M. Dogny lisait ces devoirs, avec l'ardente curiosité qu'il apportait à toutes les manifestations de l'esprit :

« Je vous remercie, lui écrivait-il en novembre 1876, du plaisir que vous m'avez causé en m'envoyant les trois devoirs que renfermait votre lettre. Avec quel intérêt je les ai lus, vous pouvez le deviner. J'ai admiré surtout votre dissertation française. Ce n'est pas la dernière fois, je l'espère bien, que vous me faites jouir d'un pareil régal. Je ne vous les renvoie pas, parce que je veux les relire, et même je serai très heureux de les garder, si vous n'y tenez pas trop ».

Ces envois, qui plaisaient si fort à M. Dogny, eurent pour résultat de secouer un peu sa torpeur et de le tenir en haleine jusqu'à la fin de 1879. Il lui arriva même d'essayer d'utiliser, pour son propre compte, les sujets dont il avait reçu communication, de les étudier ou de faire des recherches en vue d'aider son ami à les mieux traiter. Mais quand celui-ci eut été reçu, et que cette sorte de collaboration par correspondance eut cessé, M. Dogny retomba bien vite dans son « atonie » et sa désespérance habituelles.

Rien d'attristé, par exemple, comme ce billet de 1879 :

« Il me faut absolument le succès de mes élèves, car je pourrais prendre pour devise celle de l'un d'entre eux, il y a trois ou quatre ans : *Le bachot ou la mort !*

» Le succès aux examens est pour moi, maintenant, une question d'existence comme professeur.

» En un mot, je suis enfermé dans un cercle vicieux dont je sens, de jour en jour, l'étreinte se resserrer ».

Il en vient presque à souhaiter l'échec complet de ses rhétoriciens, pour avoir l'occasion de briser avec une situation qui lui paraît de plus en plus fausse. C'est en vain que son ami s'obstine à lui démontrer que l'examen ne présente pour lui aucune difficulté sérieuse, et qu'il lui suffira d'un simple effort de quelques mois pour être sûr de la victoire ; M. Dogny répond que ses élèves absorbent tout son temps, et qu'il est à cent lieues du niveau nécessaire. A toutes les exhortations, il oppose ce qu'il appelle son impuissance et son incapacité. Du reste, les mutations qui se produisent dans le personnel lui apportent comme un mauvais son de cloche :

« Faut-il y voir le commencement de la débâcle qui m'emportera ? Je le crains. En tout cas, je m'efforce de me faire à l'idée de quitter bientôt le collège et l'enseignement ».

Un jour pourtant, une idée lumineuse traverse son esprit. Pris de scrupules, qui dénotent la rare délicatesse de son cœur, il écrit à l'Archevêque pour le faire juge des difficultés de sa position. Les responsabilités de la préparation aux examens lui semblent trop lourdes, et, très loyalement, il demande au chef du diocèse de vouloir bien le décharger .de son fardeau ; et ce qui l'incite encore à faire cette démarche presque audacieuse, étant donné sa timidité habituelle, c'est qu'il a été fait au collège un remaniement assez complet du personnel, lequel a eu pour conséquence de lui enlever son titre de sous-directeur.

On ne possède malheureusement pas la lettre de M. Dogny, qui nous aurait donné de nouvelles précisions sur la crise intérieure qu'il traversait. Mais voici la réponse très bienveillante que lui fit Mgr Langénieux :

« Paris, le 24 avril 1880.

» Mon cher et bon abbé,

» Je suis très touché de votre excellente lettre. Elle me montre, une fois de plus, tout ce que votre âme sacerdotale renferme de rectitude, de bon esprit et de dévouement. Personne ne pourra se méprendre sur mes intentions. La mesure prise n'a pour objet que le plus grand bien d'une maison à laquelle vous portez une affection sans limite et dont vous êtes un des plus utiles auxiliaires. Je trouverai, du reste, l'occasion de le dire.

» Continuez donc à assurer le succès de cette œuvre difficile et si importante, et ne cessez pas de vous consacrer, par amour pour vos élèves, au succès de cette œuvre de laquelle dépend le salut de beaucoup d'âmes.

» Je vous bénis paternellement, mon cher abbé, et je vous réitère l'assurance de mon affectueuse confiance.

✝ Benoît-Marie,
Archevêque de Reims.

Après ces gracieuses assurances de son Archevêque, le professeur de Rethel aurait dû, semble-t-il, retrouver la paix et la tranquillité d'esprit dont il avait besoin, et ne plus songer à abandonner son poste. Tout, en effet, l'autorisait à penser qu'il ne serait plus inquiété, et qu'on ne songerait plus à l'évincer de sa chaire de Rethel, comme on l'avait fait précédemment pour celle de Reims.

Mais les alarmes ne tardèrent pas à reprendre le dessus. Il en fit la confidence à M. Bieil, directeur du séminaire Saint-Sulpice, qui avait été autrefois son confesseur, à Reims, et avec qui il était resté en relations affectueuses et suivies. M. Bieil, qui était bien renseigné sur la valeur de son ancien pénitent, lui répondit, le 6 février 1881, par une lettre charmante, qui vaudrait d'être reproduite tout entière et dont je me bornerai à citer le passage suivant :

« La loi nouvelle qui va certainement rendre la licence obligatoire pour les hautes classes me fait regretter autant qu'à vous que vous n'ayez pas ce grade. Quant à votre avenir, il me parait tout tracé. Vous faites du bien dans l'enseignement, vous y êtes bien ; on vous y laissera. N'ayez pas d'inquiétude sur ce point. Si, par hasard, vous pouviez prévoir qu'on dût vous inquiéter, ce que je ne veux pas même supposer, écrivez-moi à temps ; je m'en occuperai moi-même. Mais si l'on exige la licence dans les hautes classes, il faudra bien changer. Serait-ce trop tard pour vous préparer ? »

Il n'est pas douteux que M. Dogny dut être favorablement impressionné par la sagesse de ces remarques, et aussi par l'invitation très nette de son ancien directeur à se mettre au travail. Il fit donc, comme on le lui conseillait, un suprême et décisif effort. Mais, dans une lettre de juin 1881, on sent déjà percer le découragement qui finira par l'emporter :

« Je n'ai encore rien pu faire, et je suis presque

arrivé à regarder tout travail un peu sérieux comme une impossibilité pour moi.

» Ce n'est ni indifférence ni insouciance.

» Chaque fois que, dans mes rares loisirs, je veux me mettre au travail, le *sentiment de mon impuissance me prend à la gorge.*

» Je vais tenter, la semaine prochaine, un dernier et suprême effort. S'il ne réussit pas, adieu à tout examen et peut-être adieu à toute ma carrière ».

Cette lettre montre à quel degré d'acuité était arrivée la crise qui le minait sourdement depuis quatre ou cinq ans. Que fit-il pratiquement pour en sortir ? A quels résultats aboutit sa résolution de tenter un nouvel essai de ses forces ? Il est impossible de le dire, parce que sa correspondance est muette sur ce point. Quoi qu'il en soit, les programmes de la licence ayant été remaniés pendant les vacances de 1881, notre ami y trouva un prétexte pour renoncer à la lutte, et, sans ambages, il annonça à son confident sa volonté bien arrêtée de cesser tout effort, de dire un adieu définitif à la licence, et même de donner sa démission de professeur de rhétorique.

Il lui écrivait donc, le 29 décembre 1881 :

« Ceci n'est pas courageux, direz-vous. Je le sais : mais, après tout, ce n'est pas ma faute, si, par un mauvais vouloir, dont je n'ai jamais compris la cause, on m'a acculé à cette situation dans laquelle je me débats aujourd'hui ».

Cette fois, tout semblait donc bien fini. Il prenait son parti de briser, pour ainsi dire, lui-même, sa carrière, et, au lieu du professeur brillant qu'il avait rêvé d'être, il se résignait à n'être plus qu'un simple régent de grammaire, à qui les vastes espoirs sont interdits et pour qui les grands horizons de la pensée demeurent à jamais fermés.

Mais, au mois de mars 1882, la Providence amena un coup de théâtre qui arracha brusquement le professeur de rhétorique de Rethel à ses lancinantes angoisses. Il était en classe, très occupé à faire la correction de quelque devoir, lorsqu'un matin, le directeur vint le trouver et, en quelques mots à voix basse, lui annonça que Monseigneur avait décidé de l'envoyer aux Carmes. On devine sans peine l'émotion et le plaisir que lui causa cette nouvelle. J'ai idée que les élèves eux-mêmes se doutèrent que quelque chose d'important venait de s'accomplir ; car M. Dogny, qui n'avait rien d'un diplomate, n'était pas homme à composer son visage, ni à dissimuler les sentiments qui l'agitaient. Et puis, il lui fallait bien dire adieu à ses chers enfants qu'il allait quitter

en pleine année scolaire et qu'un suppléant
devrait achever de préparer, à sa place, au
baccalauréat. Quand ils furent au courant de
l'événement et des conséquences qui en résul-
taient pour eux, ils ne cachèrent pas leur tristesse. Ils se sentaient atteints en plein cœur,
comme s'il se fût produit quelque catastrophe.
C'est dire que les adieux furent attendris de
part et d'autre et que, malgré les réelles qualités du successeur, les rhétoriciens ne virent
pas partir, sans de vifs regrets, le maître distingué et bon que, depuis près de six mois, ils
entouraient de respect et d'affection. Leur
consternation était si sincère, qu'ils disaient
naïvement : « Pourquoi s'en va-t-il ? Quel
besoin a-t-il de la licence ? Il nous suffisait
très bien tel qu'il était, et ce n'est pas un
diplôme qui ajoutera quelque chose à sa valeur !... »

Le Directeur de Notre-Dame en avait sans
doute jugé autrement. Préoccupé d'assurer le
développement de sa maison, dont la prospérité allait grandissant, il n'était pas fâché
de posséder un professeur qui, à sa réputation
bien assise de préparateur, ajouterait le prestige d'une licence brillamment conquise. Il
estimait avec raison que ce succès, dont personne ne doutait, jetterait sur le collège tout
entier un lustre qui n'était pas sans prix,
et ne nuirait sans doute pas au recrutement

des élèves. C'est ce qui explique pourquoi il avait dû intervenir auprès de l'Archevêché, bien que la preuve à ce sujet nous fasse défaut; pourquoi aussi il avait demandé, en termes pressants, l'envoi de M. Dogny aux Carmes. Ce faisant, il agissait en bon maître de maison, qui a le juste souci de l'œuvre qu'il dirige.

Quelques jours plus tard, M. Dogny arrivait à l'Ecole des Carmes. Il tombait en pleine année, en pleine préparation aux examens, n'ayant suivi aucun cours, n'ayant fait que très peu de devoirs, mais animé d'une grande bonne volonté. Il profita des vacances de Pâques, qui s'ouvraient quelques jours après son arrivée, pour se mettre rapidement au courant de tout ce qu'avaient fait ses confrères des Lettres, et, à la rentrée, il se trouva en mesure de profiter de tous les exercices auxquels étaient astreints les candidats.

L'Ecole des Carmes avait alors à sa tête M. Monier, ce vénérable Sulpicien, dont l'aménité des manières, la finesse de l'esprit et l'affabilité toujours souriante sont restées légendaires dans la vieille maison. Ancien professeur de rhétorique, écrivain érudit et délicat, poète à ses heures, il était bien l'homme qui convenait entre tous pour diriger ces jeunes gens, épris de littérature et passionnés pour toutes les formes du savoir humain. Il est inutile de dire qu'il fit un accueil particulièrement empressé à cet étudiant de trente-six ans, dont on lui avait dit si grand bien et qui lui était chaleureusement recommandé par M. Bieil.

M. Dogny ne tarda pas à justifier les sympathies et les espoirs dont il était l'objet. Dès le début, il se signala entre ses confrères par son ardeur au travail et l'application qu'il mit à faire les devoirs imposés par les professeurs.

Ces maîtres étaient des hommes de grand mérite. Pour la littérature et la dissertation française, c'était M. l'abbé Pagis, aujourd'hui curé de Saint-François-de-Sales, à Paris, dont M. Dogny appréciait fort les leçons, d'allure modeste et simple, mais riches d'idées et de faits, et où se révélait une parfaite sûreté de goût.

Le P. Lechevallier, de l'Oratoire, corrigeait le thème grec avec la méticuleuse précision d'un maître qui a vécu de longues années dans la familiarité des grands chefs-d'œuvre d'Athènes.

Le P. Lallemand, également de l'Oratoire, enseignait la grammaire, d'une parole abondante et facile, qui paraissait plus faite pour la chaire des cathédrales que pour les minuties de la morphologie et de la syntaxe.

Je n'ai pas connu M. Tassin, à qui incombait la charge de corriger la dissertation latine et les vers latins (1). Je sais seulement, d'une source authentique, qu'il fut frappé, comme les autres professeurs, des rares aptitudes de M. Dogny, et qu'il disait de lui : « Il n'a besoin que *d'un coup de fer* pour être reçu licencié », tant la préparation antérieure du candidat lui semblait solide et sérieuse. Ayant toujours fait consciencieusement sa classe de rhétorique, M. Dogny arrivait, en effet, aux Carmes, avec un bagage de connaissances dont il ne soupçonnait même pas la richesse et qui cependant allait être la plus sûre garantie de son prochain succès.

Que si l'on désire savoir l'impression qu'il produisit sur ses jeunes confrères, qu'on nous permette de placer sous les yeux du lecteur ce témoignage bien significatif d'un prêtre très distingué, qui, alors, préparait aussi sa licence à l'Ecole des Carmes (2) :

« J'ai bien connu, beaucoup estimé et aimé le bon M. Dogny, qui m'a laissé, ainsi qu'à tous ses

(1) Il devint, par la suite, secrétaire général de l'Institut catholique de Paris, et, quand il mourut, on plaça dans l'église des Carmes une plaque commémorative pour rappeler ses bons et loyaux services.

(2) M. l'abbé Mouchard, vicaire général d'Orléans et directeur de la *Revue de l'Enseignement chrétien*.

camarades des Carmes, le souvenir d'un excellent prêtre et d'un excellent homme, encore qu'un peu timide, ce qui, chez lui, était une marque de sa grande modestie. Il était au milieu de nous, qui, la plupart, étions jeunes prêtres, le doyen aimable et bon, toujours respecté, et sa grande piété nous édifiait beaucoup ; sa bonté était grande, et lui avait vite gagné, autant que le respect dû à son âge, l'attachement de tous ses confrères ».

*
* *

Faut-il ajouter que M. Dogny ne s'en tenait pas aux conférences qui étaient faites à l'Institut catholique ? De temps à autre, aussi souvent que ses rares loisirs le lui permettaient, il prenait, avec quelques-uns de ses jeunes amis, le chemin de la Sorbonne. Il n'avait pas à se cacher, tant la chose semblait naturelle à tout le monde. M. Monier et les professeurs eux-mêmes n'ignoraient pas que les élèves les plus studieux, en vue d'augmenter leurs chances à l'examen, allaient volontiers écouter les conférences des maîtres les plus réputés d'alors, non pas seulement pour le vain plaisir d'entendre une parole élégante, mais aussi pour se rendre compte de leurs méthodes et essayer de surprendre leurs opinions favorites et les tendances de leur enseignement en littérature, en histoire et en philosophie. Les uns allaient aux cours de MM. Janet et Caro ; les autres à ceux de MM. Lavisse et Rambaud ; d'autres, qui aimaient le tour de son esprit et sa vaste érudition, suivaient de préférence les leçons de M. Gazier. Enfin, ceux qui se sentaient quelque prédilection pour l'histoire des grandes querelles religieuses du XVIIᵉ siècle, ne manquaient pas de se presser dans l'amphithéâtre où M. Crouslé, de sa voix mordante, incisive et parfois narquoise, exaltait Bossuet au préjudice du doux Fénelon, qu'il accablait de ses épigrammes.

M. Dogny était l'un des auditeurs les plus assidus de M. Crouslé ; mais avec cet éclectisme et cette curiosité inlassable qui l'attiraient partout où il y avait quelque chose à apprendre, j'imagine qu'il trouvait encore le moyen d'assister à d'autres cours, bien qu'aucun document ne me permette de préciser lesquels.

Heureux temps, où aucune muraille de Chine ne séparait le jeune Institut catholique de Mᵍʳ d'Huslt de l'antique et glorieuse maison de Robert de Sorbon ; où les professeurs de ces deux foyers scientifiques ne se ménageaient pas les témoignages de courtoisie et d'estime réciproque ; où les maîtres les plus éloquents de l'enseignement de l'Etat voyaient toujours, au premier rang de leurs auditeurs, tout un petit bataillon de prêtres, à qui ils aimaient à prodiguer leurs encouragements et leurs sympathies ; où la soutane et même le froc monastique se sentaient à l'aise dans les longs corridors de la Sorbonne, et voisinaient volontiers avec le veston des étudiants à la bibliothèque, dans les laboratoires et les salles de cours ; où les candidats ecclésiastiques, après être entrés en contact avec ces professeurs laïques, dont plusieurs étaient membres de l'Institut, s'en retournaient ensuite dans leurs diocèses respectifs, tantôt avec un profond respect, tantôt avec de la reconnaissance, toujours avec des sentiments d'équité pour cette Université de France qui leur avait fait un si aimable accueil ; où, enfin, les étudiants laïques, à fréquenter ainsi ce jeune clergé, adonné comme eux aux nobles travaux de la pensée, et qui leur opposait souvent des rivaux redoutables dans les examens et les concours, abandonnaient peu à peu leurs préjugés et se prenaient d'admiration pour une Eglise qui sait imposer à l'élite de ses ministres une large culture intellectuelle et une forte discipline morale !...

A la session de Pâques 1883, M. Dogny se présenta, comme ses confrères les mieux préparés, aux épreuves de la licence devant la Faculté des lettres de Paris. Disons tout de suite qu'il fut reçu dans un très bon rang, encore que le lauréat ne m'ait jamais rien dit des notes qu'il avait obtenues. Il eût été le premier de sa promotion qu'il n'en eût pas révélé davantage, et cette réserve n'étonnera aucun de ceux qui l'ont connu. Mais quand il revint à Rethel et reparut au milieu de ses anciens collègues, il fut bien obligé de leur raconter les divers incidents de son examen, d'autant plus que ceux-ci l'assaillaient de questions et qu'il n'était guère possible de se dérober. Son récit, on le devine, n'eut rien de triomphal. Au dire d'un témoin, qui passe pour avoir une heureuse mémoire, le nouveau licencié ne s'expliquait pas qu'on l'eût reçu. Sa dissertation française n'était pas achevée, quand il avait dû remettre sa copie ; son thème grec était accentué tout de travers ; ses vers latins, affreusement plats, et tout lui faisait craindre qu'il eût laissé plusieurs solécismes dans sa dissertation latine.

A l'oral, ç'avait été pire encore. Il avait expliqué, que bien que mal, les textes grec et latin qu'on lui avait mis sous les yeux ; mais en français, il avait été d'une faiblesse déplorable. Il rendait d'ailleurs pleine justice à l'indulgence des professeurs. L'un d'eux pourtant l'avait fortement intimidé, parce qu'à tout propos, il l'interrompait dans ses explications, disant: « *C'est pas ça!* » — L'examinateur, qui s'exprimait dans cette langue élégante et qui terrorisait M. Dogny, n'était autre que M. Martha, le doux et brillant philosophe, dont les travaux sur Lucrèce et les moralistes anciens sont toujours cités comme des chefs-d'œuvre.

Il va sans dire que les collègues de M. Dogny ne furent pas dupes de ce récit tendancieux, où la part de la modestie l'emportait de beaucoup sur celle de la vérité historique ; et la fraternelle accolade qu'ils donnèrent au vainqueur lui prouva toute la joie que leur causait son éclatant succès.

Comme l'année scolaire ne comptait plus qu'un trimestre avant les vacances, l'autorité religieuse estima qu'il était plus sage de ne pas toucher, en cours d'études, à l'organisation intérieure du collège ; et M. Dogny, en attendant qu'il pût reprendre sa chaire de rhétorique, alla donner ses soins, dans un château de Normandie, à un jeune homme, dont la famille était en relations d'amitié avec l'Archevêque de Reims. Je ne sais rien ce ce court préceptorat, sinon qu'on y fut plein d'égards pour le précepteur et que celui-ci en conserva toujours un excellent souvenir.

Au mois d'octobre 1883, il reprit ses fonctions au collège de Rethel et inaugura une seconde période d'enseignement qui devait durer dix ans.

CHAPITRE VIII

Un Collège chrétien

Après ce qui a été dit plus haut des professeurs du collège de Charleville, on ne m'accusera pas, je pense, de partialité au préjudice de l'enseignement de l'Etat. Il m'a été donné de rencontrer, dans certains lycées de Paris et de province, des maîtres d'un mérite supérieur, d'une vaste érudition, d'une haute probité intellectuelle, d'une grande noblesse de caractère, en un mot, des hommes de science et de conscience, qui ont fait mon admiration et pour qui j'ai éprouvé la plus vive sympathie. J'en ai même connu, surtout en qualité d'aumônier de lycée, qui avaient la passion de leur métier, qui se donnaient pour ainsi dire corps et âme à leurs élèves, et dont le dévouement marchait de pair avec la compétence. C'étaient, dans la force du terme, de véritables éducateurs, qui ne se contentaient pas d'enseigner du grec, du latin ou des mathématiques, mais qui avaient encore le souci d'amener peu à peu leurs élèves, par leurs leçons et leurs exemples, à cette élévation d'âme, à cette noblesse de sentiments, à cette correction de vie, à quoi l'on reconnaissait « l'honnête homme » du xviiᵉ siècle.

Mais, il faut en convenir, tous ne s'épuisent pas à la recherche d'un pareil idéal, et de tous les reproches qu'on adresse communément aux universitaires, celui-ci, du moins, n'est peut-être pas dépourvu de fondement : c'est qu'après avoir donné chaque semaine à leur lycée les douze ou quinze heures exigées par le règlement, ils se désintéressent ensuite de l'établissement auquel ils sont attachés. Ils mènent, pour ainsi dire, une vie en partie double. Ils sont tout à la fois professeurs et simples particuliers. Professeurs, ils font leur classe avec une ponctuelle régularité, souvent même avec une scrupuleuse conscience. Simples particuliers, ils consacrent leurs loisirs à leur famille ou à leurs amis ; quelques-uns font du journalisme, du théâtre ou du roman. On en cite même qui n'ont pas cru déchoir en se livrant aux aléas du commerce. De loin en loin, pour la Saint-Charlemagne ou la distribution des prix, les professeurs se réunissent en une sorte d'assemblée plénière, qui leur fournit l'occasion de se connaître, — au moins de vue, — et d'échanger une poignée de mains ; mais, sauf ces rares solennités, auxquelles d'ailleurs plusieurs se dérobent comme à une corvée, ils vivent à peu près tous d'une vie distincte, séparée et presque isolée, sans autres relations avec leurs collègues que celles que créent le voisinage, certaines affinités d'esprit et de caractère, ou encore l'identité d'occupations.

Il en résulte que non seulement les professeurs arrangent à leur guise leur vie privée, sans éprouver le besoin de se voir, de se concerter, de fréquenter les uns chez les autres, mais encore qu'ils n'exercent pas sur leurs élèves l'action continue, profonde et durable qui devrait, semble-t-il, être inséparable de leurs fonctions. Vingt fois, j'ai rencontré des hommes de trente-cinq ou quarante ans, qui étaient incapables de se rappeler le nom des divers professeurs qui leur avaient enseigné la rhétorique ou la philosophie. En quittant le lycée, après leurs études faites, ils avaient, pourrait-on dire, coupé les ponts derrière eux et cessé toutes relations avec le Lycée où s'était formée leur jeunesse.

Tout autre est la physionomie des collèges ecclésiastiques. Directeur, professeurs et surveillants vivent sous le même toit, et cet internat, qui est généralement prescrit par la règle, leur impose une communauté de vie, une intimité de tous les instants, qui ne cesse qu'aux vacances. La nuit comme le jour, on sait qu'ils sont dans la maison ; et s'il survient quelque incident fortuit, tel qu'un acte d'insubordination ou la maladie subite d'un enfant, leur intervention est prompte, rapide, décisive.

Chaque professeur dispose d'ordinaire de deux chambres, où il se retire pour dormir, pour travailler et pour prier ; mais, sauf dans ce très modeste appartement qui lui sert d'asile, il appartient tout entier à ses élèves, non seulement ceux de sa classe, mais encore ceux de toute la maison. Bien plus, il appartient encore aux familles qui, à tout instant, peuvent recourir à ses bons offices, pour avoir des renseignements ou régler un détail concernant leur fils.

Dans ces conditions, le collège ecclésiastique présente l'aspect d'une véritable communauté, en ce sens qu'il n'est possible à personne de s'isoler complètement, de mener une vie à part, de distraire son action de l'action collective, mais qu'au contraire, tous les efforts individuels convergent vers un but unique, la prospérité de la maison. Les professeurs sont constamment en rapport les uns avec les autres : ils s'assoient à la même table, passent ensemble leurs récréations, prennent part aux mêmes conseils, assistent aux mêmes offices religieux, et jouissent, souvent, sans y prendre garde, de tous les avantages que procure l'association. Ainsi, ils se communiquent leurs journaux, leurs revues, leurs livres, c'est-à-dire leurs instruments de travail ; et ces échanges incessants ne contribuent pas peu à alimenter leur vie intellectuelle, en même temps qu'à entretenir entre eux des relations d'amitié.

Les élèves eux-mêmes tiennent une place importante, il serait plus exact de dire capitale, dans la vie simple et laborieuse de leurs maîtres. Depuis le lever jusqu'au coucher, ils les trouvent partout associés et comme mêlés à tous les détails de leur existence d'écoliers. Il ne leur suffit pas d'écouter leurs leçons en classe ; ils les voient souvent traverser silencieusement l'étude et s'assurer que chacun est occupé à faire ses devoirs. Ils les rencontrent encore en récréation et en promenade, où il leur est facile de les aborder avec une amicale familiarité, d'engager avec eux quelque longue et intime causerie, qui leur laissera ensuite le plus agréable souvenir.

Enfin, étant prêtres, les professeurs sont aussi des confesseurs. Les élèves ont toute liberté de faire leur choix parmi eux et d'aller à celui qui leur inspire le plus de confiance. Mais quand le choix est fait, le confesseur devient pour chacun d'eux, non plus le professeur qui gronde et punit, mais le père qui accueille et pardonne, l'ami qui trouve dans son cœur et dans sa foi les fortes et lumineuses paroles qui, tombant d'aplomb sur sa conscience, l'arrachent aux bas instincts de sa nature.

Comment veut-on, après cela, qu'entre les maîtres et les disciples, il ne s'établisse pas des liens d'affection, très doux et très forts, qui survivent ensuite à toutes les vicissitudes de la vie ? A la différence des lycéens qui se souviennent à peine de leurs anciens professeurs, parce que ceux-ci n'ont eu souvent aucune prise sur leur âme, les élèves des établissements ecclésiastiques, quand ils ne sont pas, bien entendu, des natures vicieuses, gardent généralement, jusqu'au bout, des sentiments de vénération attendrie pour ces prêtres dévoués et bons, qui les ont élevés, dont ils ont partagé l'existence austère et noble pendant huit ou dix ans, qui ont été tour à tour leurs guides et leurs consolateurs, et dont la figure souriante est inséparable, dans leur esprit, des vieux murs de leur collège.

Sur ce point, je ne crains pas d'être contredit par un seul des prêtres qui ont donné à l'enseignement les prémices de leur sacerdoce. Chacun a conservé du temps qu'il a passé parmi la jeunesse, de chers et charmants souvenirs. Et il en est, — je parle des vétérans, — qui, comme M. Dogny, se sont ainsi constitué, à la longue, la plus aimante et la plus fidèle des clientèles.

*
* *

Il est maintenant superflu de démontrer que M. Dogny s'intéressait très activement à la vie intérieur du collège Notre-Dame, où il devait enseigner la rhétorique pendant vingt ans. Il était dans le cadre qui convenait le mieux à ses aptitudes et à ses goûts. Il était heureux, et il ne s'en cachait guère, bien qu'il éprouvât une sorte de pudeur à révéler ses sentiments intimes ; il était heureux de vivre au milieu de ses collègues et de ses élèves.

S'il est vrai, comme on le prétend, qu'un proviseur soit, dans son propre lycée, un personnage assez lointain, d'abord difficile et d'action intermittente, le directeur d'un collège ecclésiastique est constamment sur la brèche, et c'est avec lui que tout le monde, maîtres et élèves, doit toujours compter. C'est lui qui imprime le branle à la marche de la maison, et nul ne peut se soustraire à son autorité.

N'ayant pas été en relations directes avec les trois prêtres distingués qui dirigèrent le collège de Rethel de 1873 à 1893, il m'est difficile de faire leur portrait et de parler congrûment de leur administration. Mais, à défaut de souvenirs personnels, j'emprunterai à la correspondance de M. Dogny les détails qui, je l'espère, feront apparaître sous son vrai jour leur action respective.

La tâche de M. Charles Hannesse, au lendemain de la guerre, avait été, nous l'avons vu, particulièrement difficile. Mais en 1874, la si-

tuation s'était sensiblement améliorée, et M.
Dogny pouvait écrire au mois d'octobre de
cette même année :

« Notre rentrée a été bonne, et nos études commencent à marcher leur petit train ordinaire ».

Cette prospérité commençante ne fait que
s'accentuer les années suivantes. Je lis dans
une lettre d'avril 1876 :

« Notre établissement est toujours très florissant, relativement à ce qu'il était ces années dernières ».

Et six mois plus tard, quand une décision archiépiscopale nomme le directeur curé-
doyen d'Ay, M. Dogny lui rend ce témoignage
d'autant plus significatif qu'il était totalement
désintéressé :

« M. Hannesse vient de quitter la direction du
collège pour accepter l'importante cure d'Ay.
Quelles ont été les causes de ce départ ? Je ne le
sais trop. Un peu de fatigue, quelques ennuis
peut-être. Bref, il nous a quittés.
» Quoi qu'on en puisse dire, depuis plus de
trois ans que je vis avec lui, je puis affirmer qu'il
est une foule d'hommes qui ne le valent pas
comme cœur, ni comme caractère, ni comme intelligence ».

Enfin, quelques jours après, le professeur de rhétorique écrit encore à son correspondant :

« Le collège sort des mains de M. Hannesse, plein de jeunesse, de force et de vigueur. Et ce n'est pas un mince titre à la reconnaissance publique de le transmettre aussi florissant à son successeur, après l'avoir pris dans des conditions déplorables.

» Les classes latines se fortifient chaque année; les classes françaises sont dans un état tout à fait prospère.

» Le nombre de nos élèves a encore augmenté cette année : 120 pensionnaires, 60 externes : cela fait déjà de la besogne (1) ».

Au prêtre d'expérience, d'esprit prudent et modéré qu'était M. Hannesse, l'archevêché donna comme successeur un homme encore jeune, — moins de trente ans, — un peu novice peut-être en matière d'administration, mais

(1) Malgré un peu de raideur dans l'abord plutôt que dans le caractère, M. Hannesse, au témoignage de l'un de ses collaborateurs, ne chercha jamais à faire de la peine à personne. C'était un homme très juste, en même temps qu'un prêtre plein de foi. Il corrigeait ce qu'il y avait d'un peu bref dans sa parole par un sourire qui, bien qu'habituel, n'était pas du tout banal, puisqu'il savait sourire même en présence d'interlocuteurs dont la politesse n'égalait pas la véhémence. C'était, en outre, un rude travailleur, moins rude aux autres qu'à lui-même, surveillant sa maison dans les moindres détails et faisant régner partout l'ordre et l'économie. (Note manuscrite de M. X.).

d'une intelligence très souple, d'un esprit hardi et entreprenant, et qui semblait destiné à faire dans l'Eglise une brillante carrière. J'ai nommé M. l'abbé Guillin. Il était l'ami personnel de M. Dogny ; ils avaient fait ensemble leurs études à Charleville, et bien qu'ils fussent séparés par une classe, ils étaient toujours restés étroitement liés, au point de se tutoyer.

Néanmoins M. Dogny se garde bien de prendre le mode lyrique pour annoncer cette nomination. Il se contente d'écrire :

« M. Hannesse nous laisse comme successeur et continuateur de son œuvre M. l'abbé Guillin. Il possède à un haut degré toutes les qualités nécessaires pour faire un directeur de collège ».

On le voit, c'est sous sa plume le salut cordial, mais nullement obséquieux, à l'ami qui vient de prendre en mains la direction de la Maison. Il a, d'ailleurs, lui-même, été atteint par la petite révolution intérieure qui vient de se produire : elle lui a valu, sans qu'il l'eût recherché, le titre de sous-directeur.

« Comme contre-coup à ces événements, écrit-il, le 29 octobre, j'ai gagné le titre assez peu onéreux de sous-directeur. Je ne l'ai ni accepté ni refusé ; on ne m'a même pas consulté. Il est vrai que c'est assez peu de chose ».

Disons bien vite que ce titre devait lui être

supprimé en 1880, pour lui être rendu en 1887, et que, s'il avait eu l'esprit tant soit peu enclin à la malice, il aurait pu s'approprier les admirables paroles par lesquelles le saint homme Job traduisait son détachement : « Dieu me l'a donné ; Dieu me l'a ôté : que son saint Nom soit béni ! » — avec cette différence pourtant, que M. Dogny était certainement moins attaché à cette dignité purement honorifique, que ne devait l'être le saint homme Job à ses nombreux enfants. Qu'il fût sous-directeur ou non, on savait bien que son dévouement aux intérêts du collège ne serait jamais entamé.

Ce qui le prouve, c'est qu'il n'hésita pas à accompagner M. Guillin dans les tournées que celui-ci entreprenait, chaque année, aux vacances, pour visiter les familles de la région et amener au collège de nouvelles recrues.

Les résultats de cette activité et de ces démarches ne se firent pas attendre :

« Sous son nouveau directeur, écrivait M. Dogny en mars 1877, le collège continue toujours à bien marcher. Le nombre des élèves, loin de diminuer, augmente plutôt. L'esprit, du reste, est bon, et le travail satisfaisant ».

Un peu plus tard, en octobre 1877, il écrit encore :

« La rentrée du collège de Rethel s'est faite,

cette année, dans les conditions les plus favorables.

» Nous avons, maintenant, près de 140 pensionnaires. C'est au point de ne plus savoir où les
loger.

» Si cela continue, il faudra, bon gré mal gré,
bâtir prochainement ».

La pensée intime et longuement caressée de
M. Guillin était, non pas d'agrandir le collège
Notre-Dame, mais de le transférer à Charleville. Il estimait que la jeune cité de Charles
de Gonzague présentait, avec le voisinage de
Mézières, un centre de population beaucoup
plus important que la petite ville de Rethel,
et qu'en conséquence, une maison d'éducation
ecclésiastique y aurait beaucoup plus de chances de se développer et d'arriver à la pleine
prospérité. Déjà, il avait jeté son dévolu sur
un terrain voisin de l'église du Sacré-Cœur, et
les capitaux nécessaires avaient été mis à sa
disposition. Mais il fallait l'agrément de l'autorité religieuse. L'Archevêque, Mgr Langénieux, à qui il exposa ses plans, traita, paraît-
il, son projet de chimérique :

« Mon cher supérieur, lui aurait-il dit, vous
êtes atteint de la maladie de la pierre ; vous ne
feriez pas mal de vous soigner ».

La réponse est-elle authentique ? Je l'ignore.
Quoi qu'il en soit, ce refus péremptoire fut

très pénible à M. Guillin, et il en conçut une telle amertume, qu'à dater de ce jour, les fonctions directoriales, pour lesquelles il semblait si bien fait, cessèrent de lui plaire. Il fit part de son découragement à M. Dogny et ne lui cacha pas son projet de s'évader, un jour ou l'autre, d'une situation qu'il jugeait, peut-être à tort, intenable.

Ce fut en vain que le professeur de rhétorique qui, malgré un dissentiment passager, lui était resté toujours fidèle, essaya de lui rendre courage. En octobre 1880, M. Guillin, qui se sentait enveloppé de suspicions, et qui, de plus, était poussé aux résolutions extrêmes par la fougue de son tempérament, donna brusquement sa démission pour devenir curé de Vitry-lès-Reims. Il devait mourir quelques années plus tard, à la fin de 1891, curé-doyen de Raucourt, après avoir chrétiennement supporté une crise de santé longue et douloureuse (1).

(1) On ne lira pas sans intérêt cet extrait d'un article nécrologique, publié dans le *Bulletin* du 16 janvier 1892, et dû à la plume de M. Dogny :

« Elève au petit séminaire de Charleville, M. l'abbé Guillin fut, dès la première heure, un élève studieux, régulier, pieux ; mais, ce qui semble surtout le caractériser alors, c'est son étonnante aptitude et son goût pour toutes les branches d'un enseignement déjà presque aussi compliqué qu'aujourd'hui. Dédaigneux d'un éclectisme que se permettaient même les meilleurs élèves, suivant leur penchant ou leur humeur, il aborda, dans la suite de ses classes, avec un

Au départ de M. Guillin, le personnel du collège subit un remaniement à peu près complet. C'était une révolution en miniature. Le mot est de M. Dogny lui-même, qui, pourtant, n'avait rien d'un méridional prompt à l'hyperbole. Mais il avait été frappé, comme tout le monde, par la soudaineté et l'étendue des décisions de l'Archevêque :

« Que vous dire, écrivait-il, le 20 octobre 1880, de la révolution dont notre petit collège vient d'être le théâtre ? Depuis près de deux ans, ce ne sont pour ainsi dire que des changements à vue. Mais j'avoue que ce dernier m'a surpris autant que personne. Ce n'est que vers la fin des vacances que M. Guillin en était lui-même informé. Il est devenu curé de Vitry-lès-Reims. Ses prédécesseurs avaient été plus favorisés. Il est remplacé par M. Prévoteaux, curé de Nouzon. N'é-

égal bonheur, l'étude des langues anciennes, de l'histoire, de la littérature, des sciences physiques et mathématiques. Il semblait prévoir les services que cet ensemble de connaissances lui permettrait de rendre un jour

» ... Il reçut l'ordination sacerdotale à Pâques de l'année 1871. ... Quelques semaines plus tard, l'abbé Guillin était nommé professeur au collège de Notre-Dame de Rethel. Cet établissement, par l'effet de la guerre et d'autres circonstances malheureuses, frappé dans le personnel de ses élèves, l'avait été aussi dans son personnel enseignant : trois ou quatre prêtres seulement se partageaient les travaux de l'enseignement et de la surveillance. Il fallait donc se multiplier. M. Guillin ne faillit pas à cette tâche, et, pendant cinq années, avec un égal succès, on le vit successivement et tait la douleur que j'éprouve de perdre un vieil ami, je trouverais volontiers que le choix est parfait... Quoi qu'il en soit, à cause de mes relations connues avec M. Guillin, je puis craindre que ma position ne soit un peu fausse. Je suis décidé, aussi bien par goût que par nécessité, à me tenir un peu à l'écart : ce qui me sera facile d'ailleurs, car les abords du nouveau pouvoir sont déjà assiégés de toutes parts ».

Cette attitude pleine de réserve que se prescrit à lui-même M. Dogny, fait pressentir ce que seront par la suite ses relations avec la nouvelle direction. Par besoin d'équité, il reconnaît sans peine que M. Prévoteaux « est d'un abord plein d'attrait et d'une distinction toute naturelle », et il est persuadé que l'activité d'un tel chef va donner « une forte impulsion au collège ».

simultanément professer la troisième, la littérature française, l'histoire universelle, les mathématiques, et enfin la philosophie.

» Nommé directeur de l'établissement en 1876, il se trouvait merveilleusement préparé, par des rôles si divers, à surveiller les différentes parties de l'enseignement ; mais, non content de cette direction intellectuelle et morale, il consacra les ressources de son esprit si pratique à de nombreuses améliorations matérielles. Pour n'en citer qu'un exemple, d'une masure en ruines enclavée dans les bâtiments du collège, il sut créer, à peu de frais et en deux mois, pour les élèves, dont le nombre croissait chaque jour, un vaste dortoir et cinq classes irréprochables ». (*Bulletin du diocèse de Reims*, 16 janvier 1892).

En effet, six mois plus tard, M. Dogny raconte qu'il est question de construire de « nouveaux bâtiments et de doubler l'emplacement actuel ». M. Prévoteaux a fort bien mené les négociations nécessaires avec l'Archevêché ; et le plan de l'architecte ne tardera pas à être mis à exécution. En toute sincérité, M. Dogny applaudit à une initiative qui, dit-il, « par le temps qui court, est la preuve d'une sainte audace ».

De son côté, le directeur, encore qu'il n'ait jamais été professeur, se montre bienveillant et courtois à l'égard du plus ancien de ses collaborateurs. Mais par la force même des choses, M. Dogny ne jouit plus de la situation privilégiée qui avait été la sienne, sous le directorat de M. Guillin. Il n'est plus l'ami qu'on entoure de soins affectueux, le conseiller prudent dont les avis sont toujours recherchés ; il n'est même plus le sous-directeur officiel de la maison, chargé de remplacer le directeur absent ou empêché. Un simple préfet de discipline y suffit.

*
* *

Dirai-je, parce que je l'ai lu ou plutôt deviné dans les lettres même de M. Dogny, que sa tâche de préparateur au baccalauréat, déjà si écrasante par elle-même, lui est rendue plus pénible encore par les charges accessoires, qui sont successivement ajoutées à sa fonction, comme à celle de ses confrères ?

Ainsi que les professeurs les plus jeunes et les plus ingambes, il est tenu de faire sa semaine de surveillance, dans les cours et au dortoir, et de conduire les élèves en promenade (1).

Il y a certains jours, tels que le jeudi et le dimanche, où, les récréations étant plus nombreuses et plus prolongées, la corvée ne dure pas moins de neuf heures ; et, pendant ce temps, il est obligé, par la pluie, par le vent, par la neige ou par le soleil, de piétiner dans la cour ou de courir sur les routes, à la suite de ses élèves. Les promenades surtout lui sont odieuses. Outre que la marche lui est pénible, à cause de son obésité, les enfants, poussés par cette inhumanité inconsciente qui est propre à leur âge, s'amusent à presser le pas, afin de mettre le plus d'espace possible entre eux et leur surveillant. Avec le sentiment du devoir, qui l'animait en toutes choses, M. Dogny se hâte pour rattraper son petit bataillon ; mais cet effort l'épuise ; il rentre au collège exténué, fourbu, et il lui faut plu-

---

(1) Dans nombre de petits séminaires, et des plus cotés, les professeurs de rhétorique et de philosophie sont dispensés de toute surveillance, à raison même des responsabilités particulières de leur fonction de préparateur au baccalauréat, et tout le monde trouve la chose naturelle.

sieurs journées de repos pour se remettre de cette extrême fatigue.

Dans ces conditions, les promenades étaient pour lui, on ne le devine que trop, un véritable supplice, dont ses collègues eux-mêmes étaient émus. Tout autre à sa place s'y serait soustrait, en s'appuyant de l'avis autorisé du médecin. Mais M. Dogny, tenace comme tous les fils des Ardennes, n'était pas homme à lâcher pied. Durant des années et des années, en dépit de l'âge qui arrivait avec son cortège de misères physiques, il savoura l'âpre volupté d'accomplir, coûte que coûte, ce qu'il considérait comme son devoir et de ne solliciter ni faveur, ni privilège. Plus tard, m'assure-t-on, quand il était déjà trop tard, on finit par comprendre qu'il y avait dureté à imposer une corvée si rigoureuse à un homme qui, par ailleurs, avait rendu tant de services à la maison. On le dispensa de présider les promenades ; mais, du moins, s'il bénéficia de la dispense, il put se dire à lui-même qu'il n'avait fait aucune démarche pour l'obtenir. Il serait plutôt mort à la peine !...

Homme d'étude comme il l'était, M. Dogny devait souffrir plus que personne des heures qui lui étaient ainsi enlevées par la surveillance des élèves :

« Nos loisirs, écrivait-il, en décembre 1879, sont très rares. Nous n'avons qu'un jour de congé par semaine, et je n'ai que deux classes libres. C'est trop peu pour entreprendre un travail sérieux ».

Ce qui ajouta encore à sa contrariété, ce fut l'obligation imposée à tous les professeurs de prêcher à la chapelle à tour de rôle. Avec son peu d'aptitude pour la parole publique, il constate que ce maudit sermon, dont il se serait bien passé, va lui faire perdre « une semaine sur sept ». Non pas qu'il lui faille une semaine entière pour écrire et apprendre par cœur une modeste allocution de collège ; mais, du moins, il est tenu d'y penser, de s'y préparer, et cette préoccupation lui devient une source de tracas obsédants.

J'imagine, sans trop de peine, que les modestes sermons du professeur de rhétorique de Rethel n'avaient qu'une parenté assez lointaine, encore qu'ils ne fussent pas dépourvus de valeur, avec les conférences que l'abbé Lacordaire donnait, en 1833, aux élèves du collège Stanislas. Mais ce dont je suis parfaitement sûr, c'est qu'ils furent pour lui une source de mérites dans l'ordre spirituel et qu'ils lui fournirent parfois l'occasion de s'exercer d'une façon admirable à la pratique de l'humilité. Il écrivait le 3 novembre 1880 :

« J'avais à préparer un sermon pour la Toussaint. Je l'avais assez bien composé ; mais quand il a fallu le débiter, c'est alors... que j'ai vu le diable. J'ai fait un fiasco complet. Je suis presque resté en plan. Il est vrai que, malgré ma timidité ordinaire, c'est surtout à une indisposition physique, à un mal de tête, que je dois attribuer cet accident. On eut la charité de ne pas se moquer de moi. C'est là, outre l'avantage d'un acte d'humilité que j'ai fait de mon mieux, une consolation que j'ai fort appréciée ».

*
**

A ces essais de prédication, qui tournaient parfois au profit surnaturel des prédicateurs autant qu'à l'avancement spirituel des élèves, il faudrait ajouter les nombreuses prières qui, dans toute maison religieuse, commencent et terminent les classes et les études, une courte méditation le matin, et, le soir, une brève lecture spirituelle, les offices religieux chaque dimanche et fête, en un mot, tout cet ensemble d'exercices destinés à tenir constamment en haleine la conscience mobile des enfants, à provoquer leurs efforts, à exciter leur courage, à les faire progresser dans la vie chrétienne.

Mais il convient de faire une place à part à la retraite que le règlement place au début de l'année, d'ordinaire aux approches de la Toussaint, et qui a généralement pour résultat d'imprimer une heureuse impulsion à la marche de la maison. C'est durant ces trois jours que les enfants font effort pour examiner à fond leur conscience, se rendent compte de leurs misères morales, s'approchent des sacrements et prennent de vigoureuses résolutions en vue de l'avenir. Mais, pour qu'une retraite produise ces excellents effets, il importe que le prédicateur soit doué d'une parole très apostolique et, qu'au surplus, les choses de l'enseignement ne lui soient point étrangères. Dans ses lettres, M. Dogny se plaît à constater qu'à Rethel, le choix des prédicateurs est d'ordinaire satisfaisant. En 1878, il a une mention élogieuse pour le P. Marcel, gardien du couvent des Capucins de Paris, lequel, dit-il, est vraiment « un maître homme ».

Il est manifeste, en effet, qu'une retraite bien faite, prêchée par un prêtre éloquent et dévoué à la jeunesse, a ensuite la plus heureuse répercussion sur tout le reste de l'année. La discipline s'en ressent, l'esprit religieux y gagne en vitalité. Lorsque les enfants ont été fortement impressionnés, et quelle que soit leur étourderie naturelle, ils demeurent de longs mois sous l'empire des grandes vérités qu'ils ont méditées, des sages conseils qui leur ont été donnés. Pour ma part, j'estime que c'est là, dans les exercices d'une bonne retraite, que réside l'incontestable supériorité morale des collèges où l'Evangile est médité et vécu, et où le sens chrétien est resté en honneur.

La sollicitude pastorale de Mgr Langénieux

s'étendait aussi aux professeurs, jugeant, avec infiniment de raison, que des hommes à qui l'on demande de mener, dix mois par an, une vie de travail, d'abnégation et de sacrifice, n'ont pas moins besoin que les élèves de se retremper et de faire provision de forces spirituelles dans une retraite annuelle. C'est pourquoi il imagina, ce qui était une nouveauté dans le diocèse, de convoquer, chaque année, à la fin des vacances, tantôt à Reims, tantôt à Saint-Walfroy, le personnel enseignant de ses deux séminaires et du collège de Rethel, à des exercices spécialement destinés aux professeurs. M. Dogny fut de ceux qui applaudirent de tout cœur à l'institution de ces retraites particulières. Sa correspondance atteste qu'il s'y rendit avec un véritable plaisir et que ce lui était une joie très vive de passer ces quelques jours de recueillement et de prière dans la compagnie de ses confrères. Ai-je besoin d'ajouter que l'Archevêché faisait appel à des prédicateurs expérimentés, toujours au courant des questions pédagogiques, et que leur ministère était généralement très apprécié ? C'est ainsi qu'en 1877, le prédicateur fut l'abbé Gaduel, vicaire général d'Orléans, qui vivait depuis longtemps dans la familiarité de Mgr Dupanloup, et qui, vingt ans auparavant, s'était acquis une véritable célébrité par son livre fameux : *l'Univers jugé par lui-même.*

En 1878, la retraite fut prêchée par le P. Lécuyer, vicaire général du Tiers-Ordre enseignant de Saint-Dominique. Ce religieux éminent, qui avait succédé au P. Lacordaire, à l'âge de vingt-neuf ans, et qui dirigeait sa congrégation avec une rare autorité, n'était pas seulement un administrateur consommé ; il avait gardé, en dépit de ses charges multiples et de ses précoces infirmités, toute la flamme apostolique de sa jeunesse. Il avait dirigé avec éclat plusieurs grands collèges, et, comme il était originaire du diocèse, il était peut-être plus qualifié que personne pour parler à des professeurs qui étaient ses compatriotes. Il le fit avec un succès extraordinaire. Sa parole eut des élans et une vigueur qu'on n'eût jamais soupçonnés de la part d'un homme dont la santé était déjà si visiblement compromise. M. Dogny recueillit avec le plus grand soin l'analyse détaillée de toutes ses instructions, et je garde, comme une précieuse relique, les notes abondantes qu'il avait prises au sortir de chaque sermon et qu'il voulut bien me communiquer (1).

Qu'on s'étonne, après cela, que des profes-

---

(1) La retraite prêchée par le P. Lécuyer, en 1878, parut, vingt ans plus tard, à la librairie Lethielleux, sous ce titre : *Le prêtre éducateur*. Les douze conférences que comprend cette retraite sont précédées d'une courte notice biographique due à la plume élégante du P. Reynier.

seurs qui ont ainsi commencé l'année en appelant les bénédictions de Dieu sur leur ministère et qui, sous la direction d'un maître consommé, ont envisagé l'une après l'autre les diverses obligations de leur fonction d'éducateur, se consacrent ensuite à leur tâche avec un dévouement et un don total d'eux-mêmes, dont peuvent sourire certains membres de l'enseignement officiel, mais qui sont la source d'une profonde et durable influence ! Comme leurs élèves, les prêtres professeurs se souviennent des hautes pensées qui leur ont été suggérées pendant la retraite, de l'examen sévère qu'ils ont fait de leur conscience, du plan de vie qu'ils se sont tracé à eux-mêmes, et, de ces jours bénis, ils rapportent comme un renouveau d'énergie, de vaillance, d'élan pour le bien, qui maintiendra toute l'année leur zèle à la hauteur de leur sublime mission. Moralement rajeunis et comme transformés par ces pieux exercices, ils travailleront plus allégrement au service de Dieu et de la jeunesse.

Je ne dirai qu'un mot des rapports de M. Dogny avec ses confrères : Il était pour tous l'homme serviable, cordial et sincèrement bon que l'on devine. Sous le directorat de M. Guillin, il faisait partie d'un petit groupe qu'on appelait couramment « le groupe des quatre » et qui était composé de vieux amis d'enfance : c'étaient, outre M. Guillin et M. Dogny, l'économe et le professeur de quatrième. Ils avaient fait ensemble leurs études à Charleville, et ils étaient heureux de se retrouver à Rethel. Ils vivaient dans la plus étroite intimité. Les heures de récréation leur étaient communes et ils se rendaient tous les menus services qu'on se rend entre amis.

Le groupe pourtant n'était pas fermé comme une petite chapelle. C'est ainsi qu'en 1879, sur la présentation même de M. Dogny, on y accueillit, avec empressement, un jeune professeur, d'intelligence vive et d'allures conquérantes, qui avait d'abord maudit son étoile — et peut-être aussi l'Administration — d'avoir été envoyé à Rethel, mais qui avait fini par se laisser apprivoiser par les affectueuses paroles du professeur de rhétorique (1).

Ce fut là, en effet, durant son long profes-

(1) Jusqu'à la fin, M. Dogny garda l'habitude d'annoncer à son correspondant les changements de personnel qui s'étaient produits au collège. C'est ainsi qu'il écrivait le 29 octobre 1876 :

« ... Nous avons pour la philosophie *M. l'abbé Legras* ; pour la seconde, *M. Goulet* ; pour la troisième, *M. Hubert* ; pour la quatrième, *M. Mielle* ; pour la cinquième, *M. Druart* ; pour la sixième, *M. Delozanne* ; pour la septième, *M. Jacques.*

» C'est une véritable jeunesse ; malgré cela, chacun y

soral, le rôle constant de M. Dogny. A Rethel, comme plus tard à Charleville, il fut par essence un homme de paix, de conciliation et de concorde. Jamais on ne lui entendait dire une seule parole qui eût pu être désobligeante pour qui que ce fût, et quand la conversation déviait dans le sens de la médisance ou de la calomnie, très adroitement, il la ramenait sur le terrain de la bienveillance et de la charité. Il avait pris à la lettre les divines maximes de l'Evangile ; il lui répugnait de faire aux autres ce qu'il n'aurait pas voulu qu'on lui fît à lui-même, et, inversement, il était toujours prêt à rendre à ses confrères tous les bons offices qu'il aurait été heureux de recevoir de leur part.

On racontera plus tard jusqu'où il poussa ses libéralités et ses aumônes ; mais il n'est

apportant de la bonne volonté, les choses ne vont pas trop mal.

» Notre personnel a ceci de particulier, que c'est peut-être le corps enseignant le plus jeune de France ; je suis le doyen, et j'ai trente ans ».

Il serait à souhaiter qu'un ancien professeur de Rethel fît pour le collège Notre-Dame ce qu'a si heureusement fait M. Colas pour le petit séminaire de Reims, une nomenclature très exacte et très complète des directeurs et professeurs depuis la fondation jusqu'à la récente fermeture imposée par des nécessités plus fortes que les hommes. Un tel travail serait très précieux pour l'histoire religieuse du diocèse.

(Cf *Notice biographique sur M. Lambert*, par l'abbé X. Colas. Reims. 1873, Appendice).

peut-être pas inopportun de rappeler ici l'exquise obligeance avec laquelle il tenait à la disposition de ses confrères plus jeunes et moins bien pourvus, les ouvrages et les revues qu'il avait en sa possession. Sa bibliothèque était une manière de bibliothèque publique, où chacun venait puiser à son aise, souvent en l'absence du propriétaire, pas toujours avec une pensée de restitution, ce qui faisait dire à M. Dogny, avec son fin sourire : « Ce sont toujours les livres les plus intéressants qu'on oublie de me rendre ! »

**

En réalité, le professeur de rhétorique jouissait d'une véritable popularité, au dedans et au dehors du collège. Il était adoré de ses élèves, même de ceux qui profitaient le moins de ses leçons ; et ses collègues l'entouraient des égards les plus affectueux et les plus tendres, l'admirant pour son talent, le vénérant pour ses vertus et pour sa bonté, lui confiant même, pour la plupart, la direction de leur âme.

En ville, il entretenait avec les familles les plus honorables et les plus en vue, des relations qui étaient pour lui pleines de charme. Sans qu'il soit besoin de citer ici des noms, on n'ignorait pas qu'il était étroitement lié avec de gros industriels, un banquier important, un médecin réputé, et que ces rapports de courtoisie et de reconnaissance au début, et, ensuite, d'intimité affectueuse, lui étaient devenus précieux. Il s'y complaisait même, parce qu'il y trouvait toujours l'occasion de rendre quelque service, de dissiper certains préjugés, de faire aimer dans sa personne le clergé et l'Eglise. C'est dire qu'il ne repoussait pas les invitations qui lui étaient, de temps à autre, adressées, estimant, avec raison, qu'elles ne pouvaient que servir les intérêts du collège. Sans peur de se compromettre, il aimait aussi à fréquenter la cure, où le vénérable archiprêtre, M. Robert, l'accueillait avec un empressement d'autant plus affectueux que ses relations avec le collège avaient un caractère plus officiel (1).

Bref, à la longue, et sans qu'il l'eût cherché, ou plus exactement peut-être, parce qu'il ne l'avait pas cherché, M. Dogny était devenu une sorte de personnage quasi officiel, que tout le monde chérissait, dont on se disputait les paroles et le sourire, parce qu'on savait que c'étaient les paroles et le sourire d'un homme foncièrement droit et bon. On parlait avec

______

(1) M. Dogny était l'aumônier des sœurs de Sainte-Chrétienne, et, malgré la fatigue que lui imposait ce ministère supplémentaire, il l'aimait à cause des consolations spirituelles qu'il y trouvait. De temps à autre aussi, il allait dire la messe à la prison, à la place de M. Guillin, empêché.

respect et presque avec admiration de sa compétence de professeur ; on vantait sa condescendance et sa générosité pour les petits et les humbles ; on citait mille traits de sa charité et de sa bonhomie.

En fallait-il davantage pour que cette sympathie universelle, qui s'attachait à sa personne et à son nom, suscitât un peu d'ombrage autour de lui ? La pauvre nature humaine est ainsi faite qu'alors même qu'elle échappe à la grossière envie, elle a toujours un peu de peine à se consoler des succès d'autrui. Or, le personnel du collège de Rethel, ressemblant en cela au personnel de tous les collèges, était exclusivement composé d'hommes, c'est-à-dire de gens sujets à l'erreur.

Malgré sa proverbiale candeur, si délibérément rebelle à tout soupçon injustifié, M. Dogny fut bien obligé de se rendre à l'évidence et de constater que certaines attitudes s'étaient modifiées à son endroit, que la droiture de ses intentions n'était pas toujours comprise, que certains de ses actes étaient dénaturés, en un mot, qu'il avait cessé d'être *persona grata*... Que pouvait-il faire ? N'étant pas armé pour la lutte, il lui était bien difficile d'opposer de la résistance. Cela ne convenait ni à sa bonté naturelle, ni à sa dignité de prêtre. Il ne lui répugnait pas moins de paraître ignorer les petits manques d'égards dont il était l'objet. C'est pourquoi, après y avoir sérieusement réfléchi et avoir longuement mûri son dessein, il n'hésita pas à donner sa démission.

Il le fit sans amertume, sans récrimination d'aucune sorte, ne parlant à personne de sa résolution, afin d'éviter tout embarras à la direction. Tout au plus, se permit-il de confier à un ami très intime cette piquante réflexion : « Je m'en vais ; je quitte, non sans regrets, cette maison où je me suis beaucoup plu, mais où j'ai aussi beaucoup souffert. Vous savez que nul n'est plus respectueux que moi du principe d'autorité ; mais la fameuse main de fer qui, paraît-il, nous est nécessaire, ici comme ailleurs, serait-elle moins efficace, si elle était gantée de velours ? »

Au mois d'août 1893, il cessa d'appartenir au personnel du collège de Rethel.

CHAPITRE IX

A l'Institution Saint-Remi de Charleville
(1893-1902)

L'Institution Saint-Remi, où allait s'achever la carrière professorale de M. Dogny, avait été fondée en 1886, par le Cardinal Langénieux. Cette fondation, qui était un retour assez inattendu au projet de M. Guillin, s'était faite dans des conditions assez difficiles. Comme fonds du nouvel établissement, on avait acheté et utilisé l'immeuble depuis longtemps connu sous le nom d'Institution Rossat. Cet immeuble, composé de bâtiments très disparates, était assez étroit, inapte à recevoir un collège tant soit peu important, et, de plus, il était grevé de servitudes, dont quelques-unes, paraît-il, subsistent encore aujourd'hui.

Le premier directeur du nouvel établissement fut M. l'abbé Poncinet, actuellement curé doyen d'Ay. Il avait été tour à tour professeur et directeur au Petit Séminaire de Charleville ; il apportait donc à son œuvre, non seulement cette étendue de connaissances que donne la pratique de l'enseignement, mais encore une compétence très appréciée dans les questions d'éducation. On vantait surtout ses capacités administratives, et, comme il possédait de nombreuses relations à Charleville, on ne doutait pas du succès de l'entreprise.

En effet, avec un rare talent d'organisateur, M. Poncinet s'applique à adapter les vieilles constructions de la pension Rossat à leur nouvelle destination. Il y ajoute deux vastes ailes de bâtiments, fort bien aménagés et d'une solidité parfaite. Après quoi, la cage étant prête, il ne néglige rien pour que les oiseaux y affluent de toutes parts.

A vrai dire, la situation ne laissait pas d'être quelque peu difficultueuse, et le recrutement paraissait assez malaisé au centre d'une petite ville qui comptait déjà deux établissements de premier ordre, le Lycée et le Petit Séminaire.

Néanmoins, les élèves vinrent de toute la vallée de la Meuse, et leur chiffre dépassa bientôt les prévisions les plus optimistes. Ce niveau très honorable se maintint, durant les premières années, avec les inévitables alternatives de hausse et de baisse que connaissent tous les collèges.

En 1893, on crut que rien ne serait plus propre à infuser une vie nouvelle à l'Institution Saint-Remi que de placer à sa tête un prêtre pourvu de grades universitaires. Or, on avait justement sous la main un ecclésiastique de grand talent, qui avait été longtemps aumônier du Lycée de Reims, rompu, par conséquent, aux choses de l'enseignement et qui, par surcroît, jouissait de quelque notoriété comme orateur et comme écrivain. C'était M. l'abbé Broyé. L'Archevêque le nomma directeur de Saint-Remi, pendant les vacances de 1893.

M. Broyé n'était pas homme à reculer devant la tâche qu'on proposait à sa dévorante activité. Après avoir goûté les pacifiques jouissances que donne le commerce des lettres, il ne lui déplaisait pas de se jeter, avec sa fougue naturelle, dans le feu de l'action et d'y apporter les brillantes qualités d'esprit et de fermeté dont il se savait doué.

Avec la promptitude de son imagination presque méridionale, il fit immédiatement de beaux rêves, et, avant même d'être entré en contact avec les réalités, il construisit de toutes pièces, dans son esprit légèrement enclin aux chimères, le collège idéal, dont il avait caressé les lignes grandioses et qui ne pouvait manquer d'être le premier établissement de la région.

Mais, avant toute chose, pour assurer le succès de cette maison qu'il jugeait appelée aux plus hautes destinées, il lui fallait un professeur de tout premier ordre, pour la rhétorique. Il n'eut pas à le chercher longtemps : son dévolu se porta tout de suite sur M. Dogny, dont il avait été le camarade au Petit et au Grand Séminaire, et dont il connaissait, dès longtemps, l'exceptionnelle valeur comme préparateur au baccalauréat. Le choix était heureux,— pour M. Broyé surtout, parce qu'il allait trouver dans son collaborateur, non seulement un ami d'un dévouement absolu, mais encore ces qualités de prudence, de modération, de patience, de sagesse enfin, qui sont les vertus indispensables d'un chef d'établissement et qui devaient servir d'heureux correctif à l'exubérance de sa nature. Ils étaient hommes à s'aimer, à s'entendre et surtout à se compléter l'un l'autre.

M. Broyé n'hésita donc pas à demander à l'autorité religieuse la nomination de M. Dogny à la chaire de rhétorique de Charleville, assurant que, sans ce concours, il lui était impossible d'assumer la tâche qu'on lui confiait. Le Cardinal Langénieux accueillit de bonne grâce la requête de l'impétueux directeur, et, au mois d'octobre, M. Dogny put prendre possession de sa chaire à l'Institution Saint-Remi.

Ce changement lui était en somme très agréable, d'abord parce qu'il se rapprochait de sa famille, ensuite parce qu'il espérait trouver, auprès du nouveau directeur, les attentions délicates et les égards affectueux que méritaient ses longs services, et auxquels son impressionnable nature attachait, depuis quelques années surtout, un prix peut-être excessif. Il n'allait donc pas être le « déraciné » dont on a parlé, puisqu'il retrouverait, outre les soins très attentionnés de sa famille, d'anciennes relations dans la meilleure société de la ville, que l'éloignement lui avait fait un peu négliger ; sans compter qu'il était sûr de rencontrer auprès de ses jeunes collègues, dont quelques-uns avaient été ses élèves, des témoignages non équivoques d'amitié et de vénération.

De fait, dès son arrivée, il reçut de tout le monde, prêtres et laïques, l'accueil le plus empressé. Nul ne paraissait plus heureux que le directeur lui-même. Dans un bel élan de joie et de sincérité, il disait à la sœur de M. Dogny : « Ne me remerciez pas de l'avoir fait venir à Charleville : j'ai surtout pensé à moi et à mon collège ; votre frère m'est absolument indispensable pour garantir le succès de la maison ».

Commencée sous de si heureux auspices, cette seconde phase de la carrière de M. Dogny s'annonçait donc avec quelque chose de cette splendeur automnale, connue parmi le peuple sous le nom d'été de la Saint-Martin, et le candide professeur était en droit d'espérer que les journées ensoleillées qui accompagnèrent et suivirent son arrivée à Charleville ne feraient jamais place à l'âpre bise et aux noirs orages de l'hiver.

*
**

Les débuts furent un véritable enchantement. Les professeurs étaient fiers de posséder, au milieu d'eux, un collègue dont la réputation d'intelligence et de bonté était solidement établie dans tout le diocèse. De primesaut, M. Dogny fut l'ami de tous et le directeur spirituel de plusieurs. Quant aux élèves, les rhétoriciens surtout, ils ne cachèrent pas leur vive satisfaction d'avoir un maître si érudit, d'un jugement droit et sûr, d'une bonté et d'un dévouement à toute épreuve. Comme à Rethel, les meilleurs d'entre eux devinèrent sans peine, dans ses leçons, des richesses que son élocution trop rapide et sa modestie excessive ne mettaient pas toujours en suffisante valeur. Quant aux autres, les plus nombreux, hélas ! le professeur finit par les conquérir, tant il déploya de zèle, d'application et de soins ingénieux pour leur communiquer, presque malgré eux, ce minimum de notions de toutes sortes, qui est l'indispensable bagage de tout candidat.

La seule réserve qu'il conviendrait peut-être de noter ici, c'est que sa trop grande bonté ne faisait pas une place assez large à la fermeté, et que sa parole, de forme toujours persuasive et pénétrante, eût peut-être produit de meilleurs résultats si elle se fût présentée aux élèves inattentifs ou indisciplinés avec tout l'appareil de l'autorité.

Les familles, dont plusieurs le connaissaient depuis longtemps, le vénéraient pour ses qualités d'esprit et de cœur, et, en toute occasion, lui prodiguaient des marques certaines de leur sympathie. Bref, au bout de peu de temps, il conquit à Charleville la même popularité que celle dont il jouissait à Rethel, et, en ville comme au collège, on ne l'appelait jamais que « le bon M. Dogny ». Le diminutif familier, — *Padogne*, pour Papa Dogny, — par lequel les élèves avaient l'habitude de le désigner entre eux, n'était lui-même qu'un hommage significatif et touchant rendu à l'imperturbable bonté de son cœur.

Est-il besoin de compléter ce tableau, en disant que les succès qu'on avait prévus se réalisèrent dans la mesure où les élèves, qui lui arrivaient en rhétorique, étaient aptes à profiter de ses leçons ? Pas plus que quiconque, il n'avait le don des miracles, et, quelque zèle qu'il y mît, il se heurtait parfois à des natures trop molles, trop apathiques, trop frustes, trop rebelles enfin, pour qu'il pût les amener, en quelques mois, au succès qu'on attendait de lui, comme s'il eût été doué de je ne sais quel pouvoir magique. Consciencieusement et sans relâche, il labourait des terrains de toute nature, — de bons et de médiocres, — et, à force de patience et de peine, il obtenait généralement, chaque année, une récolte qui le dédommageait de ses efforts. Mais il y avait folie à exiger de lui une moisson, quand on ne lui donnait à cultiver qu'un sol ingrat, dépourvu d'humus, où affleurait la roche dure, et qui était à jamais frappé de stérilité.

Le remède, je l'ai dit à propos de Rethel, aurait dû être l'institution d'un sévère examen de passage, à l'entrée de la rhétorique. La justice, autant que les convenances, aurait voulu qu'on laissât au professeur la liberté absolue de composer sa classe avec des éléments de son choix, comme fait un capitaine pour le recrutement de son équipage. Les non-valeurs auraient été éliminées, et, allégée de ce poids mort, la classe, surtout avec une direction aussi intelligente que l'était celle de M. Dogny, serait arrivée à l'examen avec les meilleures chances de succès.

Au lieu de cela, il était contraint d'accepter, les yeux fermés, tous les sujets, bons ou mauvais, qui lui arrivaient de seconde, et c'est à ces jeunes gens de valeur très disparate, dont quelques-uns même étaient étrangers à toute grammaire, qu'il devait enseigner le programme si compliqué et si touffu de la rhétorique, comme s'ils eussent suivi, d'une façon normale et fructueuse, les classes précédentes.

Dans ces conditions, on se rend compte des prodiges de souplesse et d'abnégation qu'il était obligé d'accomplir pour obtenir quand même des succès au baccalauréat. Tout professeur sait, en effet, combien est changeante et mobile la qualité des classes qui passent successivement par ses mains. Tantôt, il a la joie de découvrir un groupe de choix, une élite d'esprits curieux, appliqués au travail, sincèrement désireux de réussir, et cette tête de classe suffit à entraîner le reste de la colonne. Tantôt, au contraire, il constate douloureusement que l'ensemble est d'une médiocrité désespérante : pas un sujet brillant qui émerge, pas d'émulation qui secoue la torpeur de ce petit troupeau somnolent ; les compositions qui, d'ordinaire, fixent la place de chacun, sont à peu près pareilles les unes aux autres par leur lamentable nullité. Les classes, alors, se déroulent monotones, languissantes, sans que jamais on y constate quelque progrès. C'est bel et bien la matière première qui fait défaut à l'ouvrier, et, en présence de cette incuriosité générale qui fait de chacun de ses élèves une sorte de grand Dauphin, le professeur se dit mélancoliquement que Bossuet lui-même y perdrait son latin ! Années de sécheresse et de disette, par lesquelles un ironi-

que destin veut que passent tous les professeurs et qui sont comme la rançon des précédents triomphes !

***

A Charleville, comme à Rethel, M. Dogny
connut ces alternances de succès et de revers.
Il lui arriva, comme à tout le monde, d'es-
suyer des défaites inattendues et de voir
échouer au port quelques-uns de ses élèves,
d'ailleurs bien préparés. Mais il eut aussi à
enregistrer certains succès dont il ne tirait pas
vanité, parce qu'il y voyait une sorte de prime
accordée par un hasard aveugle à la paresse
et à l'ignorance.

Or, les succès, même les moins justifiés, on
ne manquait pas de les attribuer à la valeur
méconnue de ses élèves, tandis que la responsabilité des échecs, quand ils se produisirent,
était toujours imputée au professeur. On devine que cette façon si peu équitable d'apprécier les résultats et de discerner la part respective du maître et des élèves était singulièrement propre à froisser l'âme si délicatement
bonne, mais émotive, de M. Dogny, — d'autant
plus qu'avec une amertume de langage, qui
excluait toute idée de charité, on ne se gênait
pas pour lui faire grief de son âge, c'est-à-dire
de la longueur de ses bons et loyaux services,
ainsi que de cette lourdeur physique qui était

le signe avant-coureur de ses futures infirmités. Que dis-je ? Sans ménagement aucun, on lui faisait entendre que des successeurs plus jeunes étaient prêts à prendre la place de ceux qui avaient blanchi sous le harnais.

Enfin, sans qu'il soit besoin d'entrer dans plus de détails, ni de rappeler par le menu les caprices et les fantaisies d'une direction, qui, au début, avait été si prometteuse d'amitié fidèle et d'indéfectible dévouement, il vint un moment, on le comprendra sans peine, où la dose de patience dont disposait la victime se trouva épuisée.

Sans un mot de révolte, sans une parole de protestation contre de si étranges procédés, sans un geste d'indignation contre des attitudes qui allaient jusqu'à l'oubli des plus élémentaires convenances, il écouta tout, supporta tout et offrit à Dieu, en expiation de ses fautes, ces humiliations qui lui étaient douloureuses, parce qu'elles lui venaient d'où il était en droit de ne pas les attendre.

A la session de juillet 1901, les rhétoriciens de Charleville avaient été particulièrement malheureux. L'année suivante, au contraire, ils revinrent du baccalauréat avec une moisson de diplômes, dont l'opulence n'avait jamais été égalée. C'était plus qu'il n'en fallait pour autoriser le professeur à rester dans sa chaire et à conserver des fonctions qui étaient en parfaite harmonie avec ses goûts. Mais le vase avait reçu une fêlure que rien n'était plus capable de fermer. M. Dogny avait gardé un souvenir trop cuisant des paroles dures et peu séantes qu'il avait entendues, pour se cramponner à une situation qu'il jugeait de plus en plus fausse.

S'abstenant de toute animosité contre les personnes, et faisant effort pour se garder de toute précipitation qui aurait marqué de la rancune ou du dépit, froidement et sous le regard de Dieu, il examina une à une les diverses solutions qui s'offraient à lui pour sortir de cette impasse, et, après de longs jours de recueillement et de prière, il prit héroïquement son parti et se prononça pour une séparation à l'amiable.

Dès lors, il n'hésita pas à envisager une paroisse de campagne, comme une sorte d'asile, où il jouirait enfin de la paix extérieure et de la tranquillité d'âme, dont il avait un si pressant besoin.

CHAPITRE X

M. Dogny, curé de Villers-Allerand
(1902-1909)

A vrai dire, cette perspective de finir ses jours dans les humbles fonctions de curé de campagne était familière à M. Dogny, depuis plusieurs années, et c'était surtout à l'approche des vacances qu'elle se précisait dans son esprit. Sa correspondance contient, à cet égard, les témoignages les plus formels. En juillet 1899, il écrivait :

« Je ne sais ce que la Providence va décider à mon sujet.

» Probablement, je vais quitter Saint-Remi et l'enseignement. Je commence à devenir trop vieux pour cette jeunesse. Et je crois qu'il est bon de se retirer à temps.

» J'ai déjà éprouvé, cette année, plus de difficultés que pendant les vingt-cinq années qui précédent, sans compter les déboires que me réservent les examens. Tout ceci est un avertissement »

L'année suivante, sans doute parce qu'il avait essuyé de nouveaux mécomptes, son projet de se retirer prenait plus de consistance, et lui qui, d'ordinaire, avait si peu le goût des combinaisons, il étudiait à l'avance les moyens pratiques qui faciliteraient la réalisation de son dessein :

« Depuis deux ou trois ans, écrivait-il en août 1900, je suis sur le point, à la fin de chaque année, de quitter le professorat, non point pour prendre ma retraite, — hélas ! ce mot nous est inconnu ! — mais pour remplir un ministère quelconque. A force de remettre, je crois que le moment est venu. »

Au mois d'octobre 1901, il avait repris ses fonctions professorales, sans son entrain accoutumé ; il serait plus exact de dire, avec une véritable répugnance. Visiblement, il était las, à bout de forces et surtout de patience. Les déceptions avaient eu raison, à la longue, de sa puissance de résistance, et même, semble-t-il, de son attrait si vif pour l'enseignement.

L'idée de quitter sa chaire, qui, autrefois, aurait provoqué chez lui des sursauts de révolte, hantait de plus en plus son esprit. Le 24 décembre 1901, dans une lettre tout à fait confidentielle, il faisait, pour la première fois, l'aveu qu'un changement de situation ne lui déplairait pas, et que, s'il se produisait des vacances dans le clergé paroissial, il n'hésiterait pas à solliciter un poste. Deux mois plus tard, le 21 février 1902, il écrivait encore à un confrère cette phrase, qui en disait long, sous sa plume si pleine de réserve :

« Je suis toujours professeur ; mais je commence à en avoir assez. »

Et il se demandait si les joyeuses cloches de Pâques ne sonneraient pas pour lui l'heure de la libération.

En réalité, la cause déterminante de sa retraite fut un accident de santé qui, au mois de mai 1902, le contraignit d'aller s'enfermer quatre semaines dans une clinique de Reims, pour y subir une douloureuse opération. A son retour, il trouva, comme c'était à prévoir, un gros arriéré de travail à liquider. Les copies de ses élèves s'étaient amoncelées durant son absence ; il dut les corriger et prodiguer ses soins à ces jeunes gens pour les mettre en état d'affronter, quelques semaines plus tard, les chances de l'examen. Or, en dépit des tracas de toutes sortes que lui amenait chaque année la session du baccalauréat et qui le troublaient encore comme aux premiers jours, il se détachait peu à peu de cette fonction de préparateur, qui était la sienne depuis trente ans et qui

avait fait la joie de sa jeunesse ; il s'affermissait lui-même dans la résolution de ne pas
« renouveler son bail » :

« Je vais commencer, écrivait-il le 21 juin, le
dernier mois de mon séjour à Saint-Remi et de
ma carrière professorale. Je n'ai encore aucune
vue sur ce qu'on pourra décider à mon sujet... Je
suis capable, tout au plus, d'administrer une petite paroisse ».

On le voit donc, il ne s'illusionnait pas sur
l'état précaire de ses forces. Il se sentait miné,
et se prenait à douter qu'il pût jamais revenir
à sa santé d'autrefois. Dans ces conditions
physiques, était-il apte à administrer même
une petite paroisse ? Il était permis d'en douter, et, en tout cas, l'événement a démontré le
contraire. Ses amis les plus dévoués auraient
souhaité pour lui une pacifique aumônerie,
qui eût réduit au minimum la fatigue du ministère sacerdotal, et où il aurait été entouré
des soins les plus empressés. Quelques-uns
même allaient jusqu'à envisager pour lui la
perspective toujours attrayante d'une stalle
de chanoine ; mais il faut bien reconnaître que
c'eût été pour son malheur, car il aurait fait
des efforts surhumains pour assister à l'office
canonial, et ces allées et venues, répétées deux
fois par jour, pour aller à la cathédrale et

rentrer chez lui, n'auraient certainement pas tardé à l'épuiser (1).

Bref, l'Archevêché, qui connaissait son état physique et savait aussi jusqu'à quel point sa conscience était délicate et scrupuleuse, quand il s'agissait d'accomplir un devoir, le nomma, pendant les vacances, à la cure de Villers-Allerand, laquelle se trouvait libre, par suite du départ de M. l'abbé Simon pour Tourteron.

Il n'est pas malaisé de deviner les divers motifs qui, aux yeux de l'autorité religieuse, justifiaient l'envoi de M. Dogny à Villers-Allerand. Cette paroisse n'est qu'à une douzaine de kilomètres de Reims, à deux pas de la gare de Rilly. Le nouveau curé pourrait donc assez commodément revenir dans la ville archiépiscopale et y renouer ses relations d'autrefois. De plus, il serait particulièrement sensible au plaisir d'avoir pour plus proche voisin son vieil ami, M. Hénon, curé de Rilly. A ces considérations, on pourrait ajouter que le presbytère de Villers-Allerand, s'il n'est plus tout jeune, est du moins fort commode, qu'il est entouré d'un beau jardin, d'où l'on jouit

(1) On m'assure que l'Administration diocésaine avait songé à le nommer chanoine titulaire, et qu'elle en fut empêchée par l'absence de tout traitement pour lui ménager une retraite honorable.

d'un panorama magnifique sur la montagne de Reims, et surtout qu'il est contigu à l'église, ce qui devait être singulièrement précieux pour un impotent. Enfin, sans être animée d'un grand esprit de foi, la population de Villers-Allerand passe pour être bienveillante et même sympathique au prêtre. Elle n'a pas beaucoup recours à son ministère religieux ; mais elle a pour lui de réels égards et elle le traite avec la plus parfaite courtoisie. Les anticléricaux, si même il y en a, y sont sans influence. En revanche, presque aussitôt après Pâques, on voit arriver de nombreuses familles de négociants et de propriétaires de Reims, qui s'installent dans le pays pour toute la belle saison (1), afin de jouir de l'air et de la vue, et l'on savait que M. Dogny, dont l'humeur fut toujours très sociable, ne serait pas fâché d'entretenir des relations avec cette colonie étrangère de mœurs plus douces, de goûts plus affinés et aussi d'esprit plus cultivé.

La décision prise par l'Archevêché pouvait donc se défendre par de bonnes et solides raisons. Mais, à vrai dire, on ne s'était peut-être pas rendu un compte suffisamment exact de l'état de délabrement physique auquel était parvenu M. Dogny. On ne s'était pas souvenu

(1) Grâce à cette colonie estivale, la population, qui est de 700 habitants en hiver, oscille, en été, entre 950 et 1.000.

que les côtes de Villers-Allerand sont rudes
et caillouteuses, que l'air y est âpre et vif, que
le curé est obligé de faire des courses assez
longues pour les levées de corps et les enterrements ; enfin, que la visite des malades, particulièrement au hameau de Montchenot, exige
une activité et une endurance qu'il était chimérique d'attendre du nouveau pasteur. Les
religieuses de la paroisse, avec la clairvoyance
de la charité, devinèrent tout de suite cette impossibilité, dès le jour même de l'arrivée de
M. Dogny : — « Ce poste-ci, lui dirent-elles,
n'est pas fait pous vous. Vous feriez mieux
d'en demander un autre à Monseigneur ».

Il est évident que les supérieurs ecclésiastiques n'avaient pas consulté ces braves et
saintes filles. Mais si les difficultés du poste
leur étaient familières, elles ne savaient pas,
en parlant de la sorte, que leur nouveau curé
était à mille lieues d'opposer la plus petite résistance aux décisions de l'autorité. Homme de
devoir avant tout, et prêtre jusqu'aux moëlles,
il était de ceux qui s'inclinent et qui, très courageusement, se mettent à la besogne, dussent-
ils succomber à la peine !

Voici en quels termes M. Dogny racontait à
un confrère ses premières impressions de curé,
le 19 octobre 1902 :

« Me voici installé à Villers-Allerand, depuis

près d'un mois. J'aurais dû répondre plus tôt à votre si aimable lettre ; mais j'ai voulu laisser s'écouler quelques semaines, afin de pouvoir vous communiquer mes impressions.

» Comme vous l'aviez prévu, la transition est brusque, et même quelque peu pénible entre ma situation ancienne et ma position actuelle. La solitude surtout est parfois accablante. Mais j'espère m'y habituer, car on s'habitue à tout en ce monde !

» La paroisse de Villers est une paroisse de la Marne : c'est vous dire que le peuple n'y est pas très chrétien ; mais c'est comme partout ailleurs. Les Ardennes, si longtemps réputées pour leur esprit religieux, sont aussi en train de le perdre, de sorte que, bientôt, à part quelques exceptions, les deux départements se vaudront. J'ai cependant l'avantage d'avoir ici quelques familles sincèrement catholiques. Ce sont généralement des Rémois qui, retirés des affaires, viennent se fixer à Villers, pour respirer un air vif et pur.

» Le presbytère est vieux, mais magnifiquement situé. L'église est fort belle : si seulement elle était plus fréquentée !... »

On n'attend pas de moi que je fasse ici le tableau très complet de la vie pastorale de M. Dogny. Dans ce nouveau poste, qui devait être le dernier, notre ami se montra tel qu'il avait été dans les précédents, c'est-à-dire prêtre animé d'un grand esprit de foi et désireux par-dessus tout de faire un peu de bien aux âmes dont il avait la charge. Sans calculer sa peine, sans faire entrer en ligne de compte ses préférences et ses goûts personnels, il envisagea, l'une après l'autre, les diverses obligations attachées à ses fonctions, et, bravement, il prit la résolution de les remplir toutes, et de ne laisser en souffrance aucun des intérêts spirituels qui lui étaient confiés.

*
* *

Comme c'est le premier devoir de tout bon curé, et pour se conformer au précepte du Christ, qui veut que le pasteur connaisse, une à une et par leur nom, toutes les brebis de son troupeau et se fasse connaître d'elles, il commença par faire la visite des familles, sans exclusion de personne. Les pauvres comme les riches, les indifférents comme les pratiquants, tous le virent entrer sous leur toit. Inutile de dire qu'il fut accueilli par tous avec déférence et sympathie. Sans faire de discours, — car ce ne fut jamais son fort, — il savait néanmoins s'intéresser aux affaires de ceux qu'il visitait, grands et petits. Et il le faisait avec tant de bienveillance, qu'à son contact les cœurs se dilataient, que les confidences les plus intimes venaient, pour ainsi dire, d'elles-mêmes aux lèvres. Le bon curé les recevait avec joie et en profitait pour donner à ses paroissiens quel-

ques conseils judicieux ; il ne les quittait jamais sans avoir glissé, au cours de l'entretien,
des paroles pleines de foi qui leur rappelaient
la pensée, un peu oubliée souvent, du salut,
ou les invitait à la confiance en Dieu. Avec le
plus grand soin, il s'abstenait de toute controverse, tenant pour oiseuses ces discussions
théologiques, où l'amour-propre vicie le plus
souvent la force des arguments. Mais il faisait
mieux : il pratiquait l'apostolat de la bonté,
plus discret, mais généralement plus efficace,
parce qu'il découle en droite ligne de
l'Évangile.

L'objet constant de ses préoccupations, —
il en a fait vingt fois l'aveu, — c'était les offices
du dimanche. Chanter la messe ne lui coûtait
pas trop, encore que sa santé s'accommodât
assez mal du jeûne prolongé. Mais ce qui lui
inspirait de véritables transes, c'était le sermon. Il y pensait et il s'y préparait durant
toute la semaine, comme il faisait déjà à Rethel. Quand il avait terminé l'évangile, faisant
un grand effort pour surmonter son instinctive
répugnance, il gravissait lourdement les degrés de la chaire et il débitait de son mieux le
petit sermon qu'il avait soigneusement préparé. A la vérité, il ne possédait presque à
aucun degré les dons extérieurs qui font l'orateur : la voix était faible, l'articulation indis-
tincte, les gestes embarrassés, le ton légèrement

monotone, en sorte que les phrases se déroulaient sans avoir prise sur l'auditoire. Seuls, les esprits cultivés, qui ne se laissent pas arrêter par l'inexpérience et la gaucherie du débit, se prenaient au charme de ces petits prônes, où tout était sensé, judicieux, modéré et d'une élégante simplicité de forme.

De ces auditeurs de choix, il en avait un certain nombre durant la belle saison, et il ne lui était pas médiocrement agréable de mériter leurs suffrages. Mais, en revanche, la présence d'un parent ou d'un ami avait généralement pour effet de le déconcerter, de paralyser ses moyens, et, comme il le disait un jour à Rethel, dans son pittoresque langage, de lui « faire voir le diable ». À Courville, lors de la bénédiction d'une cloche, il avait soigneusement recommandé à ses parents de ne pénétrer dans l'église qu'après le sermon, et, j'imagine qu'à Villers-Allerand, il renouvela cette recommandation à tous les membres de sa famille. Il estimait sans doute que nul n'est prophète dans son pays, ni surtout au milieu de sa propre parenté.

Dans les grandes circonstances, il faisait appel au concours de prédicateurs du dehors. C'était, dans sa pensée, comme une compensation qu'il offrait à ceux de ses paroissiens qui ne trouvaient pas ses prônes assez véhéments, et qui étaient un peu déroutés par la sobriété de son art oratoire. Deux missionnaires diocésains, appartenant à l'Oratoire de Reims, le Père P... et le Père Q..., avaient ses préférences : il les faisait venir, soit pour le Carême, soit pour la première Communion, soit encore pour la fête de sainte Agathe ; et leur apostolique parole faisait toujours merveille.

Ses visées montèrent encore plus haut : à deux reprises différentes, il mit à contribution un Evêque de sa connaissance pour adresser à ses paroissiens quelques mots d'édification, et, en échange de cet office charitable, il lui décerna, avec beaucoup d'amabilité, le titre de « vicaire de Villers-Allerand ».

Les catéchismes inspiraient, au contraire, à M. Doguy un vif attrait, sans doute parce que les enfants étaient peu nombreux, et qu'à leur parler sans apprêts et avec sa bonhomie habituelle, il se procurait à lui-même l'illusion de faire encore la classe. Mais, en vrai professeur, il s'appliquait à leur donner toutes les explications qui pouvaient leur faire mieux comprendre le texte du catéchisme, sans s'acharner à exiger d'eux une récitation purement verbale, qui, le plus souvent, ne laisse que le souvenir d'une ennuyeuse corvée. En vrai pédagogue, et d'accord avec Montaigne, il aimait mieux « *des têtes bien faites que des têtes bien pleines* ».

Ai-je besoin de dire que, dans ses catéchismes du jeudi et du dimanche (1), M. Dogny ne se montrait guère sous l'aspect d'un redoutable gendarme. La discipline n'ayant jamais été pour lui le point où s'affirmait sa supériorité, il ne réussissait pas toujours à gouverner son petit monde : « Les enfants de Villers, aimait-il à répéter, sont gentils et intelligents ; mais ils sont remuants et même pétillants, comme le vin de Champagne qu'on récolte sur leurs coteaux ».

Avec une méticuleuse ponctualité, la veille des dimanches et jours de fête, il se tenait aux abords de son confessionnal, attendant les personnes qui désiraient faire la sainte Communion à la messe du lendemain.

Le ministère de la confession lui était pénible, en raison de son obésité ; mais le nombre des pénitents était généralement assez restreint pour qu'il ne fût pas trop incommodé par la longueur des séances au confessionnal. Néanmoins, à l'occasion des grandes solennités, il lui arrivait de compter cinquante à

(1) Il faisait le catéchisme le jeudi, dans la matinée, et le dimanche, après les vêpres. C'était, lui semblait-il, le meilleur moyen d'éviter tout conflit avec l'instituteur, ne voulant, à aucun prix, que les enfants pussent se prévaloir de ces leçons de catéchisme pour se dispenser de fréquenter régulièrement l'école.

soixante personnes pieuses qui s'approchaient du Sacrement de Pénitence. Des prêtres, qui ont été à même d'être bien renseignés, m'ont assuré que, comme confesseur, M. Dogny était très apprécié de tous ceux, ecclésiastiques ou laïques, qui s'adressaient à lui. Il écoutait les aveux, même les plus pénibles, avec une encourageante bienveillance, et ses petits mots, d'ordinaire courts, mais affectueux, touchaient le cœur de ses pénitents. Il réussissait même si bien dans ce ministère, il y déployait de telles qualités de charité et de prudence, que certains ont regretté qu'on n'eût pas utilisé son zèle à Reims, dans une paroisse ou dans une communauté, pour qu'il se consacrât exclusivement à la direction des âmes.

*
* *

Ne pouvant marcher, surtout à la fin, il en résultait que son activité pastorale était forcément restreinte. Néanmoins, il s'employa avec tout le zèle dont il était capable à entretenir et à développer les œuvres paroissiales, qu'il trouva établies à Villers, lors de son arrivée.

L'Œuvre de Saint-François de Sales et celle de la Propagation de la Foi demeurèrent prospères. La Confrérie de Sainte-Agathe, qui groupait la plupart des mères chrétiennes, fut maintenue, elle aussi, et la fête de la patronne fut célébrée, chaque année, le 5 février, avec son éclat traditionnel. Cette fête de Sainte-Agathe était, avec la fête patronale, la plus grande solennité de l'année. Tous les membres de la Confrérie y assistaient, avec leurs dignitaires, la présidente, la vice-présidente, la secrétaire et la trésorière. La messe était chantée avec toute la pompe possible ; le sermon d'usage était généralement donné par un prédicateur de renom. Enfin, un pain bénit opulent, au-dessus duquel se dressait un bouquet monumental, associait la paroisse tout entière à la légitime allégresse de ces pieuses dames.

Les éléments faisant défaut, le curé de Villers ne put fonder aucune œuvre de jeunesse, ni Sillon, ni Jeunesse catholique, ni Patronage post-scolaire, et il en éprouvait un très vif chagrin. Son prédécesseur, dont chacun connaît le zèle et la compétence dans les œuvres sociales, avait constitué un Syndicat agricole, qui comptait vingt-huit membres. M. Dogny ne négligea rien pour en assurer le bon fonctionnement. Un jour même, il fit venir son ami, M. de Bohan, l'apôtre des œuvres agricoles en Champagne, pour stimuler le zèle de cet humble groupement. Mais, en dépit des conseils éclairés de M. de Bohan et des exhortations du pasteur, l'œuvre s'anémia peu à peu et finit par tomber. C'est dans un tout autre sens que

M. Dogny avait orienté ses études, et, en bonne justice, on ne saurait lui faire grief d'avoir fait preuve, à l'égard de ses syndicalistes, de plus de bienveillance que de compétence technique.

Ses jambes refusant de plus en plus de le porter, il ne tarda pas à être contraint de renoncer à tout ministère actif, obligé qu'il était de rester cloué sur son fauteuil. Son charitable voisin et ami, M. Hénon, le suppléait partout où sa présence était nécessaire. C'était lui qui faisait les inhumations, et qui surtout débrouillait ses comptes de fabrique. Sur ce point, l'inexpérience de M. Dogny n'avait d'égale que sa bonne volonté. Ces colonnes de chiffres qu'il fallait aligner et additionner prenaient, à ses yeux, les proportions des travaux d'Hercule. Il s'attelait bravement à cette « ingrate besogne » ; puis, quand il avait longuement peiné sans résultat, découragé, il faisait appel à la science du curé de Rilly. Celui-ci, on le devine, en sa qualité de licencié en mathématiques, avait tôt fait de débrouiller ce chaos. Et quand il rapportait ces feuilles administratives, mises au net, avec leurs multiples colonnes de chiffres, au bas desquels figuraient d'impeccables additions, M. Dogny était transporté de joie et éprouvait un sentiment d'admiration presque respectueuse, considérant son cher voisin à l'égal d'un Laplace ou d'un Newton.

Avec cette horreur instinctive pour les chiffres, et sa bonté habituelle qui confinait parfois à la faiblesse, c'eût été miracle que quelques petits abus ne se fussent pas glissés dans l'administration temporelle de la paroisse. Comme il faisait toujours bon marché de ses propres intérêts, il est bien possible que certains aient spéculé sur son humeur débonnaire et que les droits de la fabrique en aient légèrement pâti.

Mais ces pertes minimes, qui l'ont surtout lésé lui-même, étaient sans importance à ses yeux, quand il s'agissait d'éviter ces contestations et ces conflits d'argent qui laissent presque toujours dans l'âme des paroissiens des ferments d'amertume.

Avec leur curé, les habitants de Villers savaient qu'ils n'avaient à redouter aucun excès de fiscalité ; ils étaient tous persuadés que sa belle âme était inaccessible à toute pensée de lucre. Aussi, quand vint pour lui l'épreuve de l'immobilité forcée, s'empressèrent-ils d'aller lui rendre visite au presbytère. Il les accueillait toujours de la façon la plus cordiale, même la plus affectueuse. Que ces visiteurs fussent riches ou pauvres, il avait pour tous le même sourire. Et ils s'en retournaient édifiés, autant par sa résignation dans la souffrance que par l'esprit de douceur et de foi qui inspirait tous ses propos. Aussi, ne doit-on pas être surpris

qu'aujourd'hui encore on parle de lui avec
éloges et reconnaissance, dans toutes les de-
meures de Villers-Allerand. On le regrette, à
cause de son inlassable bonté, et aussi parce
que, durant plusieurs années, chacun a pu être
le témoin attendri et respectueux de ses souffrances physiques et morales.

*
* *

Mais, comme à Courville, l'épreuve qu'il jugeait la plus douloureuse dans la charge pastorale, c'était la solitude. Ces longues journées,
vides de toute activité extérieure, lui auraient
pesé cruellement, s'il n'avait trouvé le moyen
de les remplir, non seulement par les exercices de piété, auxquels il était plus fidèle que
jamais, mais encore par des travaux intellectuels, pour lesquels il éprouvait toujours le
même attrait qu'au temps de son professorat.

Pendant quelque temps, il eut comme pen-
sionnaire un grand garçon, aimable et intelligent, un fils de bonne famille, qui, sous sa
direction, se préparait au baccalauréat. La
présence de ce jeune homme lui était une compagnie fort agréable et la majeure partie de
ses journées se passait à lui donner des leçons.

Mais cette sorte de préceptorat à domicile
ne dura guère que dix-huit mois, et, quand
l'élève fut reçu bachelier, M. Dogny dut chercher ailleurs de quoi tromper le morne ennui

du désœuvrement. Une fois encore, ce fut l'étude qui fut sa grande consolation.

Il s'appliqua de préférence aux recherches historiques : c'était là, d'ailleurs, que le portait la pente naturelle de son esprit. Avide d'en savoir toujours davantage, il se passionnait pour les grands faits de notre histoire de l'Eglise. Dans la répartition des sujets de conférences, c'était toujours à lui qu'étaient réservés les sujets d'histoire. Traitées par lui, ces questions, pourtant si épineuses et toujours compliquées, étaient débrouillées avec tant de dextérité et exposées en un langage tellement limpide que ses confrères en étaient littéralement émerveillés. L'Archevêché aussi fut frappé de la valeur de ces travaux, et, en manière de récompense pour une compétence reconnue de tous, le curé de Villers-Allerand fut élevé à la dignité, assez peu enviable du reste, de correcteur des conférences diocésaines. De temps à autre, il se rendait à Reims, et rentrait à Villers-Allerand avec un énorme paquet de rapports qu'il lisait et annotait avec le même soin scrupuleux qu'il faisait jadis pour les copies de ses élèves.

Mais l'histoire n'absorbait pas tous ses loisirs. Il était trop bon lettré pour ne pas réserver une part à la littérature. A l'exemple de tant d'hommes d'action qui, arrivés au seuil de la vieillesse, se consolent des peines de la vie en recommençant, pour ainsi dire, leurs études, M. Dogny relut les grands auteurs des trois littératures classiques, non plus avec cette hâte fébrile qu'impose la perspective d'un examen, mais avec ce calme et cette lenteur qui s'accordent si bien avec les graves pensées de l'automne ou de l'hiver commençant. Cette lecture lui procura des jouissances infinies. Qu'il s'agît d'Homère, de Démosthène ou de Virgile, il retrouvait, dans les chefs-d'œuvre familiers, des émotions qu'il n'avait jamais ressenties, des aperçus nouveaux qui, jusque là, lui avaient échappé. On eût dit qu'il apportait à cette revision, qu'il savait être la dernière, une fraîcheur d'âme qui vibrait délicieusement aux plus beaux passages et s'enthousiasmait pour ce qu'il y a d'impérissable et d'éternel dans ce glorieux patrimoine de l'humanité civilisée.

A l'occasion des conférences de Jules Lemaître, sur Fénelon, il relut les œuvres complètes du séduisant rival de Bossuet, et, de temps à autre, pour se délasser de ce qu'il y avait d'austère dans ces graves lectures, il ne détestait pas de prendre un livre qui amenait un rayon de gaîté sur son visage, et lui faisait reprendre goût à la vie. Ces minutes fugitives d'espérance et de bonne humeur, il les demandait généralement au livre exquis du même critique : *En marge des vieux livres.*

***

Est-il besoin de dire que les relations de l'amitié furent, jusqu'au bout, la plus chère de ses distractions ? Il fallait le voir, au milieu de ses confrères du canton, quand il les convoquait à quelque solennité religieuse, comme la fête de Sainte-Agathe. Il les accueillait tous, avec un plaisir si manifeste, qu'à moins d'empêchement grave, personne ne déclinait ses invitations. Sa figure était rayonnante, et, oubliant ses infirmités et ses chagrins, il faisait les honneurs de son presbytère et de son modeste déjeuner avec une grâce charmante. Ces réunions sacerdotales avaient le privilège de le rajeunir, et, à l'entendre poser mille questions et raconter une foule de traits piquants, on eût pu croire qu'une fée bienfaisante lui avait enlevé vingt ans de sa vie et lui avait brusquement rendu sa verve et son esprit d'autrefois.

Entre tous les prêtres qui entouraient de respect et d'affection le curé de Villers-Allerand, il convient de faire une place à part à M. Hénon, curé de Rilly. Par amitié, il s'était spontanément constitué le mentor de M. Dogny dans toutes les questions pratiques et administratives. Il ne lui suffisait pas de débrouiller ses comptes et de le remplacer pour les enterrements ; il était aussi un peu son majordome, s'ingéniant à le protéger contre les libéralités excessives dont il était coutumier, et aussi contre les sollicitations obsédantes auxquelles il était en butte. Un jour, on vint dire à M. Dogny que M. Hénon était mort subitement. Il en fut atterré, comme s'il eût perdu son propre frère, et l'on peut affirmer qu'il ne se remit jamais complètement du coup qu'il ressentit dans cette circonstance.

Quelques années auparavant, il avait eu la douleur de voir mourir, dans son presbytère, M. Gillet, archiprêtre de Charleville. Frappé d'un mal mystérieux, qui l'avait terrassé en plein champ de bataille, ce prêtre éminent, qui, au cours de sa brillante carrière, avait donné la preuve de sa ténacité ardennaise en conquérant, coup sur coup, tous les grades universitaires, jusqu'au doctorat inclusivement, jugea qu'il ne serait nulle part aussi bien, pour se préparer à la mort, que sous le toit hospitalier de son vieil ami, le curé de Villers-Allerand. Il faut lire, dans l'excellente biographie que lui a consacrée l'abbé Béguin, les pages émouvantes où sont racontés les derniers jours du vaillant archiprêtre, qui avait connu des heures de triomphe et d'ivresse et qui, durant trois mois, parmi les splendeurs du printemps, assista à sa propre déchéance et renouvela pour son propre compte l'héroïque immolation du « *Quotidie morior* » de saint Paul. Que de choses ineffablement tristes ou douces furent dites sur cette incomparable terrasse qui termine le jardin du presbytère ! Qui dira jamais les paroles qui furent échangées là, entre les deux amis, dont le point de départ avait été presque semblable, dont les talents paraissaient égaux, et qui, arrivés maintenant au terme de leur carrière, devisaient avec sérénité sur le mystérieux problème de l'au-delà ! Etant le plus valide, M. Dogny voulut être jusqu'au bout l'ange consolateur de son ami. Ce fut lui qui le prépara à la mort et lui administra les derniers sacrements. C'était le 1er août 1904. Le matin, le malade avait eu la joie de recevoir la bénédiction de son Archevêque, et, le soir, il s'éteignait dans les bras du bon curé.

La tristesse de M. Dogny fut profonde ; on en trouve l'écho dans cette lettre qu'il écrivait quelques jours après, le 19 août :

« M. Gillet est mort au presbytère de Villers-Allerand, le 1er août. Il y était depuis trois mois. Il était venu pour se reposer une quinzaine de jours, et reprendre un peu de forces. Malheureusement, la paralysie dont il était déjà atteint l'envahit progressivement, ne laissant de libre que sa belle intelligence dans un corps privé de mouvement. Il a fait la fin la plus édifiante et la plus enviable ».

D'autres épreuves attendaient M. Dogny. Déjà, au cours de cette même année 1904, il avait eu la douleur de voir partir pour l'Orient une de ses nièces, fille de Saint-Vincent-de-Paul. A l'exemple de tant de ses compagnes, pour qui la terre de France était devenue in-hospitalière, elle avait dû prendre le chemin de l'exil, et c'est dans les montagnes du Liban, en une contrée où domine le Croissant, qu'elle était allée porter sa vaillance et son dé-vouement.

Le curé de Villers-Allerand en fut profon-dément ému, et, à certaines heures où la solitude lui pesait, il songeait à offrir l'hos-pitalité à la chère expulsée : « Très volon-tiers, disait-il, je partagerais avec elle le peu de pain que j'ai ». Mais, par la suite, il comprit que ce projet, qui lui eût été si agréable et qui aurait eu pour effet de rapprocher la religieuse de tous les membres de sa famille, était diffi-cilement réalisable. Il craignait d'abord, la tourmente passée, de lui fermer à jamais les portes de son ordre ; et, ensuite, il était obligé de confesser qu'en échange de cette vie de communauté, qui est indispensable aux nobles cœurs dont le sacrifice a été total, il ne pouvait lui offrir que l'existence monotone, terne et un peu terre-à-terre d'un presbytère de campagne.

Enfin, ce qu'il ne disait pas, ce qu'il n'osait peut-être pas s'avouer à lui-même, il avait l'obscur pressentiment que ses forces déclineraient très vite et qu'il y aurait imprudence de sa part à rappeler d'Orient la généreuse fille pour la faire bénéficier d'une situation matérielle qui serait probablement de courte durée.

Du reste, elle lui avait répondu sans hésiter qu'elle préférait l'amertume de l'exil à un éloignement, même temporaire, de sa communauté.

Deux ans plus tard, M. Dogny, comme les 40.000 curés de France, connut les angoisses que causa partout la loi de Séparation de l'Eglise et de l'Etat. Le 24 décembre 1906, il écrivait :

« J'ai subi, dans ma toute petite sphère, les ennuis, les préoccupations et les travaux supplémentaires occasionnés par la Séparation ».

Fort heureusement pour lui, il avait affaire à une municipalité bienveillante, et surtout à un maire qui ne se cachait pas d'être un « libéral impénitent ». Les choses purent donc s'arranger, sans trop de heurts. Le préfet de la Marne avait fixé à 200 fr. la valeur locative du presbytère. Mais le conseil municipal, à qui répugnaient, à la fois, toute pensée de lucre et tout geste d'hostilité à l'endroit du curé, réduisit la location à 100 fr. Et ainsi M. Dogny, en juillet 1907, eut la satisfaction de signer un bail qui le laissait sous son toit et lui épargnait au moins les tracas d'un nouveau déménagement.

Du fait du régime nouveau, il se trouva lésé dans ses intérêts matériels, comme l'étaient d'ailleurs tous ses confrères ; mais grâce aux bons offices qu'il rencontra autour de lui, il s'estima relativement heureux du sort qui lui était fait, dans cette rafale de mort qui passait en dévastatrice sur l'Eglise de France.

*
* *

Cependant sa santé s'affaiblissait de jour en jour ; il ne pouvait plus visiter les malades, ni accompagner les défunts au cimetière. C'est à peine si, le dimanche, ses jambes lui permettaient de franchir les quelques mètres qui séparent le presbytère de l'église, et, à le voir célébrer la sainte messe, on devinait qu'il souffrait cruellement et qu'il faisait des efforts héroïques, presque surhumains, pour se tenir debout à l'autel.

Des plaintes se produisirent, émanées probablement des personnes les moins croyantes, en tout cas les moins chrétiennes de la paroisse. Sans doute, ces mécontents rendaient pleine justice aux vertus et à la bonté de leur pasteur ; mais ils demandaient un curé plus ingambe et qui fût en état d'assurer le service religieux dans la paroisse.

C'est alors que M. l'abbé Neveux, vicaire général, qui, depuis plus de vingt ans, comptait parmi les amis de prédilection de M. Dogny, s'interposa avec une délicatesse et un dévouement auxquels il m'est infiniment agréable de rendre hommage. Il se rendit lui-même à Villers-Allerand pour mieux juger de la situation, et quand il eut constaté que le cher curé était manifestement empêché par ses infirmités de suffire à sa tâche, avec ces paroles cordiales et affectueuses, comme seuls en savent trouver de vrais amis, il lui suggéra peu à peu l'idée de résigner ses fonctions.

La proposition, il n'est que juste de le reconnaître, jeta un grand trouble dans l'âme de M. Dogny. Il lui était extrêmement douloureux de se sentir ainsi réduit à une impuissance totale, et longtemps, très longtemps, il hésita, avant de donner son acquiescement à un projet qui, à ses yeux, devait, pour ainsi dire, consacrer sa propre déchéance. Comme tous les scrupuleux et les timides, il demanda un sursis, et il profita du délai, qui lui avait été accordé de la meilleure grâce du monde, pour aller se faire soigner à l'hôpital Auban-Moët, somptueusement installé à Epernay, et où il était sûr de recevoir les soins affectueux de l'un de ses anciens élèves, devenu le médecin de cet établissement. Il n'y resta que quelques semaines, en septembre et octobre 1908. Quand il en sortit pour rentrer à Villers, son état s'était légèrement amélioré. Néanmoins, avant de se séparer de son malade, le docteur lui avait déclaré tout net qu'il ferait bien de renoncer définitivement au ministère pastoral.

Six mois s'écoulèrent encore, en tergiversations et atermoiements de toute sorte, durant lesquels l'impuissance physique de M. Dogny alla s'accentuant de jour en jour. Il en vint même à ne pouvoir plus se faire illusion sur son propre état, d'autant plus que la déclaration du médecin d'Epernay l'avait fortement impressionné. Seulement, en prêtre habitué à obéir, il attendait des ordres, et M. Neveux, de son côté, mû par un sentiment de haute délicatesse qui lui fait le plus grand honneur, ne pouvait se résoudre à tenir le langage de l'autorité qui commande, vis-à-vis d'un prêtre pour qui il n'éprouvait que de la vénération et de la tendresse.

Enfin, au mois de mai 1909, après une visite de M. Badré, directeur de Bethléem, qui lui avait offert de le recevoir dans son établissement, et sur les assurances très encourageantes et tout à fait gracieuses qu'il avait reçues de l'Archevêque par l'entremise de M. Neveux, il prit bravement son parti, et, s'inclinant devant ce qu'il considérait comme la volonté de la Providence, il donna sa démission de curé de Villers-Allerand.

Quelques jours plus tard, il partait pour la maison de Bethléem.

CHAPITRE XI

Vie et Vertus intimes

Avant de suivre M. Dogny à la maison de Bethléem de Reims et de le montrer aux prises avec le mal qui devait l'emporter, il n'est peut-être pas inutile de s'arrêter quelques instants à étudier, d'un peu près, cette curieuse et attirante physionomie, d'en rassembler en un croquis plus accentué les traits épars dans les chapitres précédents, et de dire, avec plus de détails, les rares qualités de son esprit et de son cœur.

Ce n'est donc plus le professeur, tel qu'il apparaissait aux jeunes gens de Rethel et de Charleville, dans sa chaire de rhétorique, ni même le curé tel que le vénérèrent et le chérirent les paroissiens de Courville et de Villers-Allerand, qui sera l'objet de la présente étude ; c'est l'homme intime, dégagé de ses fonctions officielles et pris sur le vif, dans l'abandon familier de sa vie privée, avec les dons exceptionnels de sa riche nature, mais aussi avec les petites manies (1) et les innocents défauts, qui voisinent si bien avec les vertus les plus hautes ; c'est l'homme enfin de tous les jours et, pour ainsi dire, dans son déshabillé, qu'on voudrait évoquer ici, une dernière fois, afin d'en tracer une image fidèle pour tous ceux, — ils sont légion, — qui ont eu la joie de le connaître, et donc de l'aimer.

I

Le lecteur est déjà fixé, par ce qui a été dit plus haut, sur les surprenantes facultés que la Providence avait départies à M. Dogny, sous le rapport de l'intelligence, et que l'étude ja-

(1) Disons tout de suite, pour n'avoir plus à y revenir, que si M. Dogny n'était pas fumeur, il a été, toute sa vie, un priseur convaincu et impénitent. A l'exemple de Napoléon, il avait partout des tabatières à portée de sa main, et même il remplissait de tabac le gousset destiné à la montre. Que de banales enveloppes lui servirent de tabatières improvisées ! A table, en classe, en visites, parfois même à la chapelle, quand il sentait venir quelque sommolence, il sortait doucement de sa poche un petit papier qu'il dépliait le plus adroitement possible ; puis, lentement, à petits coups, et avec les signes d'une intense volupté, il absorbait une pincée de la poudre favorite ; mais, dans sa candeur, il s'imaginait toujours qu'on ne l'avait pas vu, et qu'il avait pu satisfaire ce qu'il appelait son *vice*, sans se faire remarquer. Quand il mourut, à défaut d'un portefeuille bourré de valeurs nominatives ou au porteur, sa succession comprenait plusieurs tabatières en argent et d'innombrables *queues-de-rat*, dont il était redevable à la munificence de ses élèves.

mais interrompue avait amenées au plus magnifique épanouissement. On pourrait, me semble-t-il, le définir *un intellectuel qui n'est pas arrivé,* — en ce sens que les circonstances ne lui ont pas permis de donner toute sa mesure, ni de parvenir jusqu'au bout de lui-même, — mais qui, du moins, a eu le mérite de rester toute sa vie un *intellectualisant* en exercice, dont l'effort pour atteindre le vrai n'a cessé qu'avec la vie.

Dans le clergé, comme ailleurs, il n'est pas rare de rencontrer de braves gens, du reste fort estimables, qui ont terminé leurs études vers la vingt-cinquième année et qui, sans aller jusqu'à brûler leurs livres, comme le raconte Saint-Simon de l'élève de Bossuet, se désintéressent ensuite de tous les problèmes de la pensée, et n'estiment les œuvres des grands écrivains qu'à proportion de la place qu'elles occupent sur les rayons de leur bibliothèque. M. Dogny, lui, n'a jamais terminé ses études, et si Dieu lui avait fait la grâce, comme à Chevreul, de devenir centenaire, le seul titre qu'il eût revendiqué et auquel il aurait été sensible, eût été celui d'étudiant.

C'est qu'en effet, il possédait à un degré incroyable la qualité intellectuelle, qui est la source de toute connaissance et sans laquelle l'homme se rapproche de la bête somnolente et rebelle à tout progrès, la curiosité.

La curiosité fut le trait dominant de son esprit ; et si, par plus d'un demi-siècle de travail obstiné, il a pu constituer dans son cerveau quelque chose d'analogue à ce vaste atlas sur lequel Napoléon, au dire de Taine, enregistrait, jour par jour, ses innombrables connaissances sur l'administration, l'armée et la société, c'est qu'il fut constamment et jusqu'au bout un grand curieux, un curieux jamais rassasié, un curieux toujours avide d'en savoir davantage. C'est dire que la curiosité ne lui apparaissait pas comme un gros péché et qu'on l'aurait grandement surpris, si on lui avait dit qu'elle est l'origine de toutes les erreurs qui travaillent l'humanité. Comme il n'était jamais à court d'exemples, il n'aurait pas manqué de citer les noms des plus beaux génies de toutes les civilisations, lesquels n'ont réussi à percer quelque mystère et à faire progresser la science de leur temps, que parce qu'ils ont mis un labeur acharné au service de leur immense curiosité.

Mais, chez M. Dogny, l'appétit d'apprendre serait resté inopérant, s'il n'avait été merveilleusement secondé par cette autre faculté, dont la fonction est précisément d'amasser et de conserver toutes les notions qu'on lui confie, la mémoire. — Or, sa mémoire tenait du prodige : sur ce point, les témoignages sont unanimes. Il donnait à ses collègues l'impression d'une bibliothèque vivante, où l'on pouvait toujours puiser, ou d'une encyclopédie toujours ouverte, qu'il était loisible à chacun de feuilleter à son aise. En toute occasion, on était sûr d'y trouver le renseignement dont on avait besoin.

Un jour, au cours d'un repas présidé par le cardinal Langénieux au Petit Séminaire de Charleville, et auquel M. Dogny avait été invité, l'abbé Broyé, racontant son examen de licence, avoua qu'il n'avait pas su donner la date de la bataille de Cannes; « mais M. Dogny, ajouta-t-il aussitôt, la connaît sûrement ! »

Ainsi mis en cause, notre ami veut d'abord se dérober ; mais tout le monde insiste ; ce que voyant, et forcé, pour ainsi dire, dans ses derniers retranchements, il prononça à mi-voix la date exacte, qui était sortie de toutes les mémoires, sauf de la sienne, — 216, — s'empressant de dire aussitôt, en manière d'excuse : « C'est tout à fait par hasard ! » Seulement, chacun savait que le hasard le servait ainsi à point nommé, toutes les fois que c'était nécessaire.

Un autre jour, il avait été invité par M. Neveux, supérieur du Petit Séminaire de Charleville, à faire passer l'examen semestriel en rhétorique. On lui avait confié le soin d'interroger les élèves sur les auteurs grecs, et comme on s'empressait pour lui procurer un exemplaire d'*Œdipe-Roi,* qui ne fût pas trop dépenaillé, il dit avec une simplicité charmante : « Ne vous dérangez pas, je n'ai pas besoin de livre ; je sais le texte par cœur ».

Que de choses il savait ainsi par cœur ! Littérature, histoire, géographie, sciences physiques et naturelles : il avait tout lu, tout étudié, tout retenu. Aucune province du savoir humain ne lui était étrangère.

*

Le secret de cette science universelle, c'est qu'il ravitaillait sans cesse son esprit et que, par des lectures assidues, il ajoutait chaque jour quelque chose au trésor de ses connaissances.

Il n'était à aucun degré l'homme d'un seul livre ; en toute chose, dans son commerce avec les ouvrages de l'esprit comme dans ses relations avec les hommes, il pratiquait le plus large éclectisme, et comme il était armé d'un sens critique très avisé, il tirait parti de toutes ses lectures, même de celles qui en apparence avaient le moins de valeur. Sa bibliothèque était très variée, comme celle de tout homme instruit. Il n'était pas de ceux qui achètent en une seule fois, au lendemain de leur sacerdoce, quelques-unes de ces volumineuses collections destinées à jouer dans un presbytère un rôle purement décoratif, et qu'on époussette de loin en loin, sans éprouver la curiosité de les lire. Tous ses livres, il les avait achetés un par un, suivant la nécessité du moment ; chacun lui rappelait une histoire, une heure de sa vie, une poussée de curiosité plus intense à laquelle il avait succombé ; et il les avait tous lus, de façon à s'en assimiler la substance. Les comptes rendus bibliographiques le passionnaient, et quand un ouvrage lui était signalé comme important, il en faisait aussitôt l'acquisition, dans la mesure où l'étiage, généralement assez bas, de ses finances le lui permettait. Mais, on l'a vu, il n'avait rien d'un avare qui garde pour soi ses trésors. Il prêtait à tout venant, et quand un volume, mis ainsi en circulation, tardait à revenir, plutôt que de désobliger l'emprunteur par ses réclamations, il préférait acheter un second exemplaire du livre sacrifié, sauf à l'abandonner ensuite au profit de quelque autre ami.

C'est ce qui explique pourquoi, malgré ses achats annuels, sa bibliothèque n'eut jamais les proportions qu'on était en droit d'attendre d'un homme qui y avait consacré tant d'argent. Mais cet argent, il ne le regretta jamais, en se rappelant les fins régals et les délicates jouissances que la lecture de ces volumes avait procurés à son insatiable curiosité.

Les revues, après les livres, étaient son meilleur instrument de travail. En principe, il lisait toutes celles qui lui tombaient sous la main, et comme on savait autour de lui que rien ne pouvait lui être plus agréable, on lui apportait volontiers tous les numéros dépareillés qui, sous une forme ou sous une autre, pénètrent dans une maison d'éducation. Ses revues favorites semblaient être : le *Correspondant*, qu'il tenait pour la première de nos revues catholiques ; la *Revue du Clergé français*, qui le mettait au courant des questions ecclésiastiques, et à laquelle il s'intéressait encore pour des raisons de sentiment ; enfin la *Quinzaine*, dont il admirait la haute tenue littéraire et philosophique, sous la brillante direction de M. Fonsegrive. Sa correspondance est pleine d'appréciations sur la valeur des articles qu'il a lus, parfois même de critiques très fines sur certaines lacunes qu'il a constatées. Un jour, afin de répondre à l'appel pressant d'un ami, il eut la velléité d'écrire un article pour la *Revue du Clergé français*. Le sujet qu'il voulait traiter était des plus intéressants. En s'appuyant sur de récentes publications littéraires, notamment la savante *Histoire de la littérature française* de M. Lanson, il avait eu la pensée de démontrer que la critique contemporaine était, tout compte fait, plutôt favorable aux croyances catholiques, et il en trouvait la preuve éclatante dans la gloire toujours grandissante de Bossuet, tandis que Voltaire cessait peu à peu d'être l'idole autrefois acclamée. Malheureusement, son dessein resta à l'état de projet, et l'article, à peine ébauché, ne parvint jamais au grand jour de l'impression.

Après les revues, les journaux. Ils étaient, si j'ose dire, le péché mignon de M. Dogny ; il les aimait, jusqu'à leur sacrifier plusieurs heures par jour. Ce qu'il y cherchait, ce n'était pas précisément des articles de doctrine, ni même des thèses plus ou moins habilement soutenues. Les dissertations d'ordre purement spéculatif lui inspiraient un médiocre attrait. Ce qu'il demandait aux journaux, et sans quoi, disait-il, ils ne valent pas la peine d'être lus, c'étaient des faits précis, copieux, des détails piquants, des informations sûres, dont il s'emparait comme d'autant de documents humains, destinés à servir de *substratum* à ses idées et à lui fournir une image exacte de la vie réelle.

Selon lui, il n'existe pas de journaux absolument bons, ni de journaux absolument mauvais ; ces classifications simplistes répugnaient à la finesse de son esprit, ami des nuances et ennemi des affirmations tranchantes. Il estimait que le journal réputé le meilleur présente toujours des parties faibles et suspectes, et que la feuille la plus médiocre et la moins estimable est parfois susceptible de fournir d'utiles indications. En conséquence, il n'hésitait pas à se renseigner partout où il avait l'espoir d'apprendre quelque chose. La couleur du journal lui importait assez peu. Ce qu'il prisait bien au-dessus des articles de controverse et de polémique, c'était la variété et l'exactitude des renseignements. Mais quel que fût le titre d'un journal, il se gardait bien de lui accorder une confiance absolue, de s'y inféoder au point de puiser à cette source unique toutes ses opinions politiques, religieuses ou littéraires. Son esprit critique ne désarmait jamais, — pas même quand il avait en mains quelque publication de caractère officiellement catholique. Il prenait, au contraire, un malin plaisir à contrôler les dires d'un journal par ceux d'un autre journal de nuance différente. Et ce n'est guère que lorsqu'il avait constaté l'accord entre les feuilles les plus diverses, qu'il tenait les faits pour authentiques et certains. Aussi, je ne voudrais pas jurer qu'autour de lui, des esprits étroits n'aient pas été quelque peu étonnés de voir sur sa table des journaux de couleur avancée, qu'on rencontre fort rarement dans les milieux ecclésiastiques. M. Dogny les lisait à l'occasion, sans inconvénient pour ses propres croyances, parce qu'il leur appliquait les règles d'une saine critique, et qu'ils n'étaient à ses yeux qu'un moyen com-

mode et nécessaire de reculer les frontières de
son savoir.

Vingt fois, je lui ai entendu dire : « Un
journal est un mur sur lequel on affiche des
idées. Par lui-même, un mur n'a point d'o-
pinion ; il n'est ni bon ni mauvais, ni honnête
ni malhonnête ; toute sa valeur morale découle
uniquement des idées qu'on y affiche ». C'est
dire qu'il se gardait des catégories trop exclu-
sives, et que, lorsqu'il réprouvait un journal,
c'était moins sur le titre lui-même, qu'à cause
des doctrines dangereuses pour la foi ou la
société qui y étaient propagées. Autant et plus
que personne, il entendait rester dans la plus
rigoureuse orthodoxie ; mais ce souci doctri-
nal ne l'empêchait pas d'éprouver un sentiment de tolérance et même de sympathie pour
les opinions d'autrui, à la condition que,
comme les siennes, elles fussent sincères et
d'une parfaite bonne foi (1).

*
* *

Disons pourtant que la science de M. Dogny
n'était pas purement livresque, et que, pour

(1) La forme coopérative lui semblait la meilleure, au moins
dans un collège, pour faciliter aux professeurs l'acquisition
des livres, revues et journaux. Je lis, dans une de ses lettres
de 1898, qu'il s'était entendu avec ses collègues de Charleville
pour instituer un *syndicat de lecture*. J'ignore à quels résultats aboutit cette intelligente initiative.

satisfaire son appétit d'apprendre, il ne s'en tenait pas aux seuls papiers imprimés. A l'exemple de Montaigne, qui avait si merveilleusement usé du procédé, il « allait des choses aux gens ». Tout homme, si humble et si illettré qu'il fût, prenait à ses yeux la valeur d'un livre, dont il fallait déchiffrer le texte obscur. Nul ne s'entendait comme lui à provoquer les confidences ; elles montaient d'elles-mêmes des replis les plus mystérieux du cœur jusqu'aux lèvres, tant ses yeux étaient questionneurs et son sourire engageant, tant aussi il était patient pour écouter les digressions les plus fastidieuses ! Et puis, on le savait muet comme une tombe (1), et c'est ce qui explique pourquoi tant de personnes affligées n'hésitèrent pas à verser dans son cœur et à murmurer à son oreille le secret de leurs souffrances. Les redites elles-mêmes ne le fatiguaient pas, et telle histoire, qu'il avait déjà entendue plusieurs fois, ou qu'il avait lui-même mise en circulation, il l'écoutait avec la même attention que si elle lui eût été complètement inédite.

(1) A l'égard des membres de sa famille et de ceux qui lui tenaient de plus près, il observait un silence absolu touchant la vie intérieure du collège. Il ne leur parlait même jamais des événements, grands ou petits, qui lui apportaient de la joie ou de la tristesse.

A Rethel, quand il allait dire, chaque matin, la messe au couvent de Sainte-Chrétienne, il traversait une rue assez populeuse, habitée presque exclusivement par des ouvriers. Il eut vite fait d'en connaître toutes les familles, et même tous les membres de chaque famille, et, en passant, d'un mot aimable, il demandait ce qu'était devenu le fils au régiment, s'il était gradé, dans quelle maison de couture travaillait la jeune fille, si l'instituteur était content des progrès du garçon, etc., etc. Et à le voir s'intéresser aux menus détails de la vie de ces petites gens, à l'entendre questionner et s'informer de tout ce qui les concernait, il donnait un peu l'impression d'un prêtre très charitable, d'un vrai disciple de saint Vincent de Paul, qui apparaissait au milieu de ces laborieuses populations comme un messager de la Providence.

Bien plus ardente, on le devine, était sa curiosité quand il se trouvait en présence d'hommes occupant une situation en vue ou jouissant de quelque renom dans le monde des lettres (1). Qui dira jamais les longues

(1) A deux ou trois reprises, il avait eu l'occasion de converser longuement avec un grand journaliste parisien, dont la verve était aussi étourdissante que le cœur était généreux et bon. M. Dogny ne se lassait pas de dire la joie que lui avaient causée ces rencontres.

causeries qu'il eut avec le poète Verlaine, que les hasards d'une vie orageuse firent échouer un jour, à Notre-Dame de Rethel, en qualité de professeur de français et d'anglais ? Cet étrange collègue qui avait roulé sur presque toutes les routes de l'Europe, mais qui tenait en poche le manuscrit de *Sagesse*, devait singulièrement intéresser le professeur de rhétorique. Je ne suis pas en mesure de préciser jusqu'à quel degré d'intimité arrivèrent leurs relations, n'ayant pu recueillir à cet égard que des souvenirs vagues et imprécis ; mais j'imagine qu'à certains jours de fête, le pauvre Lélian ne détestait pas de se joindre aux professeurs ecclésiastiques pour participer avec eux à quelque frugal goûter, et que ces heures de saine et franche liesse ne se terminaient pas sans que le poète leur lût, d'une voix que l'habitude de l'alcool avait rendue caverneuse, l'un ou l'autre de ses poèmes (1).

(1) D'une note reçue en cours d'impression, il résulte que les professeurs de Rethel ne soupçonnèrent point la valeur du poète. Ils le tenaient pour un excellent maître de grammaire, mais ils paraissaient ignorer qu'il eût déjà publié plusieurs volumes de vers. Ils étaient surtout frappés de ses excentricités. Plus d'une fois, il lui était arrivé de communier le dimanche matin et de terminer la journée dans une bruyante ébriété. Ils avaient seulement observé qu'il travaillait une grande partie de la nuit, et que, de temps à autre, vers une heure du matin, il réveillait ses voisins pour partager avec eux une soupe à l'oignon préparée de ses mains. Sûrement, M. Dogny n'était pas du nombre de ses invités.

Comme l'a finement observé l'un de ses amis, M. Dogny s'intéressait à tout, parce que tout l'intéressait. Pour lui, la conversation n'était pas une occasion de briller et de faire parade de son érudition ; c'était plutôt le moyen de pénétrer dans l'âme des autres, en les faisant causer, et de deviner, à travers leurs paroles, le secret de leurs goûts, de leurs rêves et parfois aussi de leurs petites ou grandes passions. Etre sociable par excellence, il se sentait pris de sympathie pour tous ses semblables ; et, le jour de sa mort, quand il comprit que tout était fini, le sacrifice qui paraissait lui être le plus pénible, c'était de renoncer pour toujours à son plaisir favori, la conversation des humains.

Chose surprenante, cependant ! Lui qui se délectait tant à faire causer les autres, il causait fort peu lui-même. Etait-ce à raison de cette précipitation de parole, qui ne répondait jamais qu'imparfaitement à l'activité de sa pensée ? N'était-ce pas plutôt par suite de cette modestie très sincère qui, en toute occasion, l'empêchait de se produire et de jouer le rôle de premier plan auquel lui donnait droit sa compétence ? Je ne sais. Quoi qu'il en soit, une attitude volontairement effacée et discrète était celle qui lui convenait le mieux, et, même dans les circonstances où il se sentait le plus sûr de lui, il évitait avec le plus grand soin tout ce qui eût pu ressembler à un monologue ou à une conférence. Tout au plus bornait-il son ambition à diriger l'entretien dans le sens de ses curiosités. Pour qu'il devînt presque bavard, il fallait qu'on abordât l'un des trois ou quatre sujets qui lui tenaient particulièrement à cœur, à cause du plaisir qu'il y trouvait : son séjour à l'Ecole des Carmes et les charmantes connaissances qu'il y avait faites ; une soutenance de doctorat, à la Sorbonne ; une séance à l'Académie française ; le sacre de l'un de ses anciens élèves. Oh ! alors, son âme se dilatait ; une joie très vive s'épanouissait sur son visage, et, à l'entendre évoquer de chers souvenirs, on se rendait compte du réel bonheur qu'on lui avait procuré, en lui fournissant un prétexte à raconter une fois de plus, et toujours avec le même entrain, les inoubliables émotions de ce passé mémorable.

*
* *

M. Dogny n'était guère plus prolixe dans ses lettres que dans ses conversations. Ayant gardé des relations avec la plupart de ses anciens élèves, il aurait dû, semble-t-il, entretenir une correspondance très étendue, laquelle, à la longue, aurait fini par absorber le meilleur de son temps. En réalité, s'il recevait beaucoup de lettres, il en écrivait beaucoup moins. Outre que sa fonction de préparateur lui laissait des loisirs assez rares, il éprouvait une sorte de répulsion physique à s'immobiliser devant son encrier et à mettre du noir sur du blanc. Cette répulsion provenait sans doute de son obésité, encore que l'histoire des Lettres fasse mention de certains hommes très corpulents, Balzac par exemple, qui se complaisaient néanmoins dans les rudes besognes de la plume. Ce qui est certain, c'est que M. Dogny n'y trouvait aucun attrait. « Au moment de prendre la plume, écrivait-il, tout prétexte m'est bon pour me l'arracher des mains. Demain, je serai mieux disposé..., j'aurai un peu plus de temps..., la température sera plus encourageante, etc. » Et il se leurrait ainsi lui-même, pour se dérober à la corvée d'écrire.

Enfin, il est juste de dire que, sur ce point, il n'avait qu'une notion assez vague de la ponctualité. Parmi les nombreuses lettres qu'on possède encore de lui, il n'en est peut-être pas cinq, où il ne commence par s'excuser de son retard, et parfois, du reste, il le fait en des termes tout à fait humoristiques. Témoin ce début d'une lettre du 24 mai 1878 :

Je me figurais être en retard avec vous. Je croyais être votre débiteur, et je n'attendais qu'un moment de loisir pour payer ma dette. J'étais déjà tout heureux de trouver dans une bonne petite grippe... une excuse valable et tout à fait plausible à mon retard.

» J'en étais là quand votre lettre me fut remise. Je ne l'ouvris, comme bien vous pensez, que d'une main tremblante, croyant la trouver pleine de reproches, d'invectives, d'objurgations, de mises en demeure, etc., que sais-je ? car vous n'y allez pas de main morte, quand vous sortez de vos gonds.

» Quelle ne fut pas ma surprise en constatant, dès la première ligne, que c'était vous l'offenseur, et moi l'offensé ! Car, outre le plaisir d'échapper au châtiment, je trouvais dans votre situation de *confitens reus* une absolution pour mes délits passés et une excuse pour mes retards futurs !... »

Une autre fois, il confessait que « tous les jours, depuis longtemps, dans son examen de conscience, il enregistrait un grave péché de paresse » ; mais ces constatations ne devaient pas être accompagnées d'un ferme-propos bien sérieux, car, la fois suivante et toujours, il se laisait prendre en flagrant délit de retard.

Toutes ses lettres, d'une écriture menue et un peu hachée, il m'a été donné de les relire en vue du présent travail. Notre ami s'y révèle tout entier avec la finesse de son esprit et aussi toutes les délicatesses de son cœur. Quel dommage qu'elles aient toutes un caractère intime et confidentiel, et qu'il ne soit pas possible de les publier ! Cette correspondance compterait parmi les meilleures de notre époque, non seulement à cause des nobles idées et des généreux sentiments qui s'y trouvent exprimés, mais aussi à cause de cette pureté de langue et de cette justesse d'expression qui n'abandonnaient jamais M. Dogny, même dans les billets les plus simples, et jusque dans la familiarité d'une causerie écrite avec un ami.

*
* *

M. Dogny n'aurait pas été le grand curieux qu'il était, s'il n'avait pas eu la passion des voyages, puisqu'aussi bien les voyages forment l'esprit et que les hommes ont l'habitude de récolter le long des routes, dans les villes et les campagnes, la plupart des connaissances de la vie. Toujours pour des raisons d'ordre économique, il ne fit pas tous les voyages qu'il eût souhaité de faire. Il visita la Belgique, se rendit à Rome pour je ne sais plus quel jubilé pontifical, consacra une semaine à chacune des Expositions universelles de 1878, de 1889, et de 1900, s'offrit une excursion en Normandie et dans la Nièvre, et, sauf erreur, ce fut tout. Mais si les circonstances l'empêchèrent de réaliser ses rêves de globe-trotter, il n'en garda pas moins, toute sa vie, un goût très vif pour les moyens de locomotion en général (1), et pour les chemins de fer en particulier. Une fois hissé en vagon, — et l'opération était parfois laborieuse, — il se sentait pleinement heureux. Il répétait volontiers : « Si c'était possible, je ferais le tour du monde, sans éprouver la moindre fatigue ». Une flamme de convoitise s'allumait dans son regard, quand il parlait de ces longs rubans d'acier qui relient l'Europe occidentale aux extrêmes limites de la Sibérie et de la Mandchourie, ou encore de la ligne interocéanique qui va de New-York à San-Francisco.

Chaque année, à Rethel, le jour de la fête du directeur, il avait mission de conduire ses rhétoriciens en grand congé. Le but de l'excursion était toujours le même. C'était la coquette ville de Dinant, en Belgique. La route était fort longue et, durant plusieurs heures, il fallait rester immobile dans des vagons étroits et surchauffés. Mais n'importe ! M. Dogny ne se sentait pas d'aise. A peine débarqué

(1) Peu de temps avant sa mort, pendant son séjour à Bethléem, il exprima le désir très ardent de voir des aéroplanes. Deux de ses amis, qui lui étaient très dévoués, le menèrent, en voiture, au champ d'aviation de Bétheny. La vue des grands oiseaux blancs, décrivant leurs orbes immenses dans l'azur du ciel, le transporta d'enthousiasme, et, au retour, en termes émus, il remercia ses compagnons de lui avoir procuré, pour l'émerveillement de ses yeux, cette suprême satisfaction.

avec ses élèves sur le quai de la gare de Dinant, il escaladait avec courage les pentes
rapides qui mènent à la citadelle, pour jouir
du merveilleux panorama que présente la vallée de la Meuse, contemplée du haut des
rochers fameux ; puis il déjeunait à la hâte
dans quelque restaurant et, après de courts
instants de repos, il reprenait le train et
roulait à nouveau, d'une seule traite, jusqu'à Rethel. Le soir, à une heure assez avancée, quand il rentrait au collège, brisé de fatigue, le visage et les vêtements couverts de
poussière et d'escarbilles de charbon, il avait
la mine fière et radieuse des vieux grognards
revenant d'Austerlitz. Décidément, ce gros
homme était né avec une vocation d'aumônier
des chemins de fer !...

On le voit, M. Dogny n'imita pas l'homme de
l'Evangile qui, ayant reçu cinq talents, s'empressa de les enfouir. Certes, les dons qui lui
avaient été départis par la Providence étaient
déjà supérieurs à ceux du commun. Mais il
faut convenir que, sous l'aiguillon d'une curiosité sans cesse en éveil, il les développa de la
plus merveilleuse façon. Voyages, conversations, lectures de toute sorte, étude personnelle
et réfléchie, soutenue par un travail opiniâtre :
tout lui fut bon pour approvisionner son esprit, pour élargir chaque jour le cercle de ses
investigations, et se procurer à lui-même la

joie intime et pénétrante d'une intellectualité constamment en progrès.

II

Mais le souvenir le plus durable que laissera M. Dogny dans la mémoire de tous ceux qui l'ont approché, sera celui d'une incomparable bonté. On ne disait jamais que « le bon M. Dogny », et ce qualificatif, toujours accolé à son nom, revenait sur toutes les lèvres, à la façon des épithètes homériques qui font, pour ainsi dire, corps avec les personnages de l'*Iliade* ou de l'*Odyssée*.

Tout le monde connaît la phrase célèbre de Bossuet sur la bonté, — au moins les premiers mots, dont on a peut-être abusé : « Lorsque Dieu forma le cœur et les entrailles de l'homme, il y mit premièrement la bonté, comme le propre caractère de la nature divine, et pour être comme la marque de cette main bienfaisante dont nous sortons. La bonté devait donc faire comme le fond de notre cœur et devait être en même temps le premier attrait que nous aurions en nous-mêmes pour gagner les autres hommes » (1).

Existe-t-il, comme l'assurent de méchantes

____

(1) *Oraison funèbre du Prince de Condé.* — Ed. Lebarcq, t. VI, p. 395.

langues, des gens dont la sécheresse et la dureté de cœur sont tellement notoires qu'on est autorisé à penser qu'ils ont été oubliés par le Créateur, dans cette distribution générale de la bonté ? Je ne sais. Mais ce dont je suis sûr, c'est que M. Dogny dut en recevoir une part double, ou tout au moins une part très supérieure à la commune mesure.

Sa bonté s'exerçait sous les formes les plus diverses. Elle était tantôt positive et tantôt négative ; mais, sous ces deux aspects, c'était la manifestation identique d'un cœur qui s'oubliait lui-même, se déprenait de ses petits intérêts, de ses petites passions, en un mot de tout ce qui constitue l'égoïsme, pour ne songer qu'aux autres et leur faire tout le bien qui était en son pouvoir.

Sa bonté se traduisait d'abord en aumônes. Il lui était impossible de voir un pauvre, sans être ému de pitié, et son premier geste était toujours de chercher au fond de sa poche la pièce qui pouvait soulager cette misère. On a déjà parlé des nombreux « clients » qu'il s'était faits à Rethel, sur le chemin de Sainte-Chrétienne, et qu'il retrouvait, chaque matin, en allant dire sa messe. Il les assistait tous, du mieux qu'il pouvait, et quand son porte-monnaie était vide, il s'excusait, tout honteux, en disant : « Je n'ai plus rien, et j'en suis désolé ; mais ce sera pour la prochaine fois ! »

Et cette parole, si banale dans la bouche d'un autre, prenait à ses yeux l'importance d'un engagement d'honneur, auquel il était toujours fidèle. Sa charité s'étendait, non pas seulement aux pauvres et aux mendiants de profession, mais encore aux petits boutiquiers qui se trouvaient dans le voisinage du collège. C'est ainsi qu'il s'approvisionnait de charbon par petites quantités, et chez des revendeurs de troisième ou quatrième main. Et quand l'économe lui faisait observer qu'il payait ainsi son combustible à un prix excessif, il répondait : « Il faut bien faire vivre ces pauvres gens ! »

A Villers-Allerand, le jour de son installation, il fit de telles prodigalités aux pauvres du pays et à ceux des environs que, le soir, il ne lui restait plus rien, et qu'il dut recourir à la bourse de sa sœur, pour faire face aux besoins les plus pressants. Il s'était fait à lui-même, pourrait-on dire, une sorte de protocole, auquel il restait invariablement fidèle dans ces distributions charitables. C'était la monnaie de billon qui partait la première ; ensuite celle d'argent, puis venaient parfois les pièces d'or ; enfin, il s'attaquait à son trousseau : draps, chemises, mouchoirs, toute sa lingerie personnelle était mise au pillage au profit des indigents.

Il va sans dire, qu'à l'exemple des plus grands saints, sa charité n'était pas toujours très clairvoyante. Les pauvres qu'il assistait étaient rarement des prix de vertu ; il lui arriva même de faire l'aumône à de mauvaises créatures. Il était de ceux qui aiment mieux donner à tout venant, même à des indignes, que de s'exposer, par un refus, à laisser un seul vrai pauvre sans secours ; et aux justes reproches que lui adressaient ses collègues, après quelqu'une de ces libéralités imprudentes et risquées, il répondait invariablement : « C'est pour l'exemple ; il faut donner le bon exemple ! » Malheureusement, comme il se savait incapable de dire *non* à quiconque faisait appel à son bon cœur, il encourageait, sans le vouloir, ceux qui se montraient les plus audacieux et les plus importuns. C'est ainsi qu'à Villers-Allerand, il assistait, chaque année, les ouvriers vignerons qui avaient bu tout leur gain au cours des vendanges. Il savait à quoi s'en tenir sur le désordre de leur conduite, et aussi sur leur imprévoyance. Néanmoins, quand ils venaient ensuite sonner sans vergogne à la porte du presbytère, il leur donnait à tous un secours, n'ayant pas assez de fermeté de caractère pour les éconduire.

Bien plus, quand certains intrigants jouaient le grand jeu du chantage ou du désespoir, et le menaçaient d'aller se jeter dans la Meuse, s'il ne venait à leur aide, M. Dogny se demandait, tout ému et plein de scrupule, si, par son refus,

il ne les précipiterait pas dans quelque résolution extrême, et si leur mort ne lui serait
pas en partie imputable (1).

Son principe, d'ailleurs, était que la charité
doit être, par essence, toujours aveugle, et que
le meilleur moyen de l'exercer est de se mettre
un bandeau sur les yeux. Sa main gauche, à
coup sûr, n'a jamais su ce que donnait sa main
droite ; le fâcheux est que celle-ci ne le savait
guère davantage !

Il en allait absolument de même de ses
prêts ou avances d'argent, lesquels dégéné-
raient presque toujours en placements à fonds
perdus. Qui saura jamais les sommes qu'il a
ainsi placées, avec la plus héroïque imprévoyance ? Que de prêtres se sont adressés à
lui, en une heure de gêne pressante ! Que
d'anciens élèves surtout, ballottés par les hasards de l'existence et aux prises avec d'inex-
tricables difficultés matérielles, se sont tournés vers lui comme vers un sauveur ! Qui
dira jamais les petites « images bleues » ou les
« chiffons de papier » — c'étaient les expres-

(1) L'ami, de qui je tiens ce fait, ajoutait fort justement :
« Quand M. Dogny parlait ainsi de responsabilités, nul doute
qu'il ne fût assez intelligent et assez éclairé pour savoir qu'il
n'en encourait aucune. Mais il souffrait de ne pas faire la
charité qu'on lui demandait, et il n'était pas fâché d'invoquer
cette responsabilité problématique pour satisfaire l'impérieux
besoin de son cœur ».

sions pittoresques dont il aimait à se servir, pour désigner les billets de banque, — qu'il a envoyés à tous les coins du monde, pour soulager quelque détresse, dont il avait reçu la navrante confidence ? C'est au point que j'ai ouï dire, un jour, à l'un de ses amis, particulièrement au courant de ces secrètes libéralités, que si tous les débiteurs de M. Dogny s'étaient concertés pour lui rendre son argent, ils auraient pu lui ménager une vieillesse dorée.

On ne sera donc pas étonné qu'avec un petit patrimoine de famille, avec les ressources qu'il tirait de son traitement de professeur et de ses messes, et après quarante ans d'un labeur acharné, il n'ait pu faire d'économies que pour le paradis, et qu'il soit mort sans pécule et sans dettes, comme il sied à un bon prêtre détaché des biens de ce monde (1).

(1) La qualité qui faisait le plus défaut à M. Dogny, c'était le sens pratique. Il n'avait qu'une notion assez vague de la valeur de l'argent. A Rethel, pour l'empêcher de commettre de véritables prodigalités, l'économe se gardait bien de lui remettre en bloc l'argent de son trimestre ; il jugeait plus sage de le lui donner par fragments, sachant que, sans cette précaution, son ami se serait trouvé à court dès la fin de la première semaine.

Quand il avait en poche quelques billets de 100 fr.,

⁂

Mais sa charité revêtait une forme plus haute et plus rare que celle de l'aumône matérielle. Il pratiquait encore, à un degré supérieur, l'aumône morale. Il y a partout des gens, au cœur sec et étroit, qui, toujours préoccupés de leur propre dignité, évitent avec le plus grand soin toute relation de condescendance avec leurs égaux ou leurs inférieurs. Hissés sur le piédestal de leur fatuité, en des poses à effet, comme si l'humanité n'avait rien de mieux à faire qu'à les contempler, ils daignent à peine accorder à leurs semblables, même souffrants et malheureux, l'aumône d'une parole ou d'un sourire. Rien ne les fait sortir de leur froideur marmoréenne ; rien ne provoque de leur part un mouvement de sympathie, un mot jailli du cœur, un geste de pitié. On dirait qu'ils se croient d'une essence supérieure ou pétris d'un autre limon que le reste des hommes, tant ils se montrent inaccessibles.

M. Dogny s'imaginait naïvement être très riche. Lorsqu'il fut nommé à Villers-Allerand, il avait dessein d'acquérir un mobilier somptueux, et il avait en tout 400 fr !...

Ces détails, qu'il serait facile de multiplier, prouvent que le bon professeur n'avait dans les veines aucune goutte de sang normand ou auvergnat; et qu'avec ces prédispositions naturelles à la générosité, il était assez mal armé pour affronter les réalités de la vie.

distants et étrangers à tout sentiment de miséricorde !

Certes, M. Dogny ne fut jamais de ceux-là.
En lisant l'Evangile, il avait trop souvent médité sur les divins attendrissements du Christ,
pour n'être pas porté par l'élan spontané de
son cœur, vers tous ceux qui sont visités par
l'épreuve et la douleur. C'est dire que sa porte
n'était jamais fermée à ceux qui venaient lui
faire part de leurs tristesses et de leurs angoisses. Familles en deuil, pères ou mères
inquiets sur la conduite d'un fils, commerçants
aux prises avec des revers, jeunes gens surtout meurtris par les premiers contacts de la
vie, il accueillait tout le monde, la main tendue
et le sourire aux lèvres ; et lui, qui ne connaissait rien de la plupart des misères morales qui
tenaillent la pauvre humanité, lui qui ne soupçonnait même pas les bassesses et les infamies
de ce monde, et dont l'expérience était si
courte, en tout ce qui concerne les affaires
temporelles, il trouvait, dans la lucidité de son
esprit et surtout dans la générosité de son
cœur, des paroles qui étaient une lumière dans
les situations les plus troublées, un réconfort
aussi pour ceux qui étaient tentés de découragement et de désespoir. Pour écouter ces douloureuses confidences, il oubliait ses propres
affaires, sa besogne même de professeur, et
sacrifiait sans hésitation un temps dont, plus

que personne, il savait le prix. Les fâcheux eux-mêmes, et les importuns les plus tenaces n'étaient pas repoussés (1).

Son abord était tellement facile et accueillant qu'une foule de gens se prévalaient de quelques paroles aimables tombées de ses lèvres, ou même de simples formules de politesse échangées avec lui, pour se dire ses amis. C'était au point que ses véritables amis, ses collègues les plus intimes et avec qui il était en relations étroites depuis de longues années, s'en montraient presque offusqués. « Que de fois, a écrit l'un d'eux, j'ai entendu des entretiens comme celui-ci :

« — Vous connaissez le bon père Dogny ?
» — Certes !
» — Je suis très lié avec lui.
» — Et moi donc ! »

Agacé, je lui décochai un jour cette boutade :

« *L'ami du genre humain n'est pas du tout mon fait* ».

A quoi il répondit : « Allons ! ne vous fâchez pas, c'est par charité que j'agis ainsi, mais c'est vous que j'aime le mieux ». (2).

----

(1) Détail typique : il lui arriva plusieurs fois de payer les frais d'hôtel de certains importuns qui l'avaient harcelé de leurs sollicitations, et qu'il connaissait à peine de vue.

(2) *Bulletin du diocèse de Reims*, 23 avril 1910.

A vrai dire, il n'échappait pas toujours au reproche de pousser jusqu'à l'excès, jusqu'à l'indulgence exagérée, ce souci de ne jamais faire de mal à personne.

On l'a dit plus haut : dans ses relations avec les familles et avec les élèves, il n'eût pas été mauvais qu'il apportât moins de ménagements dans l'expression de ses jugements. Il y a des vérités, même dures, même brutales, qu'il faut savoir dire aux parents et aux enfants, pour leur épargner ensuite d'amers mécomptes. Il est certain que s'il avait eu cette énergie, à Rethel et surtout à Charleville, la discipline de sa classe y aurait gagné, et qu'en se montrant moins débonnaire avec les uns et avec les autres, il se fût évité à lui-même de grosses difficultés.

Ami de la paix à tout prix, il s'attachait à éviter toute parole ou tout acte qui eût pu la troubler. Il était, par essence, l'homme de toutes les conciliations ; et l'on ne cite pas un seul cas, où il ait heurté de front et avec netteté l'opinion d'autrui. Survenait-il, entre collègues, une discussion d'ordre spéculatif, il ne donnait jamais tort à personne, à moins, bien entendu, que la foi ou la morale n'y fussent directement engagées. Il était d'une ingéniosité sans pareille pour trouver de bonnes raisons à l'appui des deux partis en présence, pour corriger ce qu'il y avait d'excessif dans l'un comme dans l'autre, pour mettre dans tout leur jour des qualités contestées, et, si pressant qu'on fût, on ne réussissait jamais à lui arracher une parole de blâme ou de condamnation contre l'un ou l'autre des contradicteurs. Toute intolérance lui répugnait ; son esprit étonnamment lucide et compréhensif était, par surcroît, très hospitalier aux idées et aux doctrines en apparence les plus opposées. Ce n'était, de sa part, ni scepticisme, ni indifférence, mais plutôt un impérieux besoin de ménager les personnes et de ne rien dire qui eût pu les blesser au cœur.

A Rethel, quand les professeurs étaient réunis en conseil pour délibérer sur l'opportunité d'une mesure, il avait une peine infinie à prendre position entre le préopinant et les opposants. A l'aide de restrictions très habiles, dont il avait le secret, mais qui n'étaient pas toujours exemptes de quelque subtilité, il exprimait son avis de telle sorte qu'on ne savait pas toujours de quel côté il se rangeait. Un seul point était sûr, c'est qu'il n'avait combattu personne, qu'il avait même fait effort pour apaiser les esprits et qu'au sortir du conseil, il restait l'ami de tout le monde.

Mais la véritable pierre de touche pour la bonté d'un homme, c'est le pardon des offenses. Tant qu'elle ne va pas jusque-là, jusqu'à cette extrême limite de l'abnégation et de l'oubli de soi, qui exige parfois de l'héroïsme, la bonté n'est que vaine sensiblerie, et elle ne saurait se prévaloir de l'exemple du Christ.

Que M. Dogny ait rencontré sur sa route des natures moins bonnes que la sienne, qu'il ait connu toute l'amertume de l'offense et de l'injure gratuite et imméritée, qu'il ait souffert de cent façons diverses dans ses relations sociales, il est superflu d'en faire la preuve après ce qui a été déjà raconté. Mais je me hâte d'ajouter que, si le souvenir de certaines injustices ne s'effaça jamais de sa mémoire, il sut du moins bannir de son cœur ces ferments d'animosité et de rancune, qui empoisonnent la vie des gens réfractaires à tout pardon. C'est ce qui explique pourquoi sa correspondance ne contient pas une ligne blessante pour qui que ce soit, pourquoi encore il montrait bonne figure, même à ceux dont les procédés avaient pu le peiner, pourquoi enfin, au cours de sa longue carrière, il ne s'est pas fait un seul ennemi, ni parmi les prêtres, ni parmi les laïques. Un tel miracle ne peut être accompli que par un cœur magnifiquement bon, et Bossuet avait bien raison de dire que la bonté est « le premier attrait que nous avons en nous-mêmes pour gagner les autres hommes ».

III

Si des qualités de l'homme d'esprit et de l'homme de cœur, nous passons aux vertus du prêtre, nous trouverons même matière à louange, même sujet d'édification.

Un scrupule d'impartialité a voulu que nous fissions quelque réserve sur l'intellectualité de M. Dogny. Nous avons regretté que les circonstances ne lui aient pas permis de donner toute sa mesure, et qu'avec des facultés aussi brillantes que les siennes, il n'ait pas pris place parmi les écrivains ou les professeurs renommés, dont s'honore l'Eglise contemporaine.

Nous avons dû faire pareillement quelques réserves sur sa bonté, qui, on l'a vu, n'était pas tout à fait exempte de faiblesse, et qui aurait pris plus de relief si elle avait été accompagnée d'une plus grande fermeté de caractère, ne fût-ce que pour résister davantage à certaines vexations dont il fut la victime.

Mais quand il s'agit d'étudier chez lui le prêtre, et tout cet ensemble de vertus qu'implique le caractère sacerdotal, nous n'hésitons pas à proclamer que la vie de notre ami mérite d'être offerte à ses confrères comme un exemple de régularité et de piété ecclésiastiques.

A vrai dire, il ne faut pas s'attendre à trouver ici quoi que ce soit d'exceptionnel ou d'extraordinaire. De même que, suivant le joli mot de Fénelon, on ne doit se servir de la parole que comme un homme modeste se sert d'un vêtement pour se couvrir ; de même, M. Dogny s'appliquait avec un soin jaloux à éviter, dans les exercices de la vie chrétienne, tout ce qui aurait pu paraître entaché de vanité et d'ostentation. Etant la simplicité même, il mettait sa pudeur, j'allais dire sa fierté, à ne rien laisser percer au dehors des secrets de son âme. Aussi, quand il avait à remplir l'une de ses obligations sacerdotales, jugeait-il inutile de se donner en spectacle aux personnes de son entourage. Comme le prescrit le divin Maître, dans son Evangile, il préférait se retirer dans l'intimité de sa cellule, afin de ne rien perdre du bénéfice surnaturel qu'apporte d'ordinaire tout colloque avec Dieu.

Mais, sur ce point, sa régularité était parfaite. Comme tous les bons prêtres, il consacrait à Dieu les prémices de sa journée par la prière, la méditation et la célébration de la Sainte Messe. A l'autel, son attitude était, comme partout, simple, naturelle, dégagée de toute affectation, respectueuse de toutes les règles liturgiques et profondément recueillie.

Malgré l'accablement de ses occupations, il consacrait à la récitation du bréviaire des moments déterminés à l'avance, et généralement conformes aux indications de l'Eglise.

Nous possédons même, à ce sujet, un témoignage singulièrement significatif, qui mérite d'être rapporté ici.

M. Dogny avait rencontré, je ne sais où, un petit mitron, qui avait eu un bras emporté pendant le bombardement de Mézières. Il s'était intéressé à son sort, lui avait prodigué ses soins et surtout ses leçons, et il avait fini par lui donner une instruction suffisante pour le mettre en état de gagner sa vie. A la rentrée d'octobre 1876, l'ancien mitron, sur la recommandation de M. Dogny, avait été admis au collège de Rethel, en qualité de surveillant ; et, comme ce jeune homme lui témoignait un réel attachement et une vive reconnaissance, M. Dogny en était arrivé à ne pouvoir plus se passer de ses services. Le surveillant, durant ses heures de liberté, rendait au professeur de rhétorique toutes sortes de bons offices ; il était pour lui une manière d'intendant ou de factotum, dont les attributions allaient, depuis la répartition des aumônes, jusqu'aux soins empressés d'un valet de chambre modèle. Soir et matin, il entrait dans l'appartement de M. Dogny, dont il avait la clé, pour s'assurer que tout y était en ordre.

Or, un soir que M. Dogny était allé dîner en ville, le surveillant commit la faute de quitter son dortoir, pour aller faire une tournée d'inspection dans la chambre de son protecteur. Il y était à peine depuis quelques instants, quand il entendit un pas lourd dans le corridor : c'était M. Dogny qui rentrait. Craignant d'être pris en flagrant délit de désobéissance, car défense lui avait été faite d'abandonner même un seul instant les élèves, le surveillant perd la tête et se jette sous une table, recouverte d'un grand tapis. Une fois caché dans la position d'Orgon, mais pour des motifs moins graves, il n'ose plus bouger, de crainte de causer une émotion trop vive au professeur. M. Dogny récite son bréviaire, son chapelet, fait une longue lecture, corrige des copies, se promène lentement dans sa chambre, les bras derrière le dos à la Napoléon, se met à genoux pour dire sa prière du soir, et enfin se couche. Il était exactement onze heures. Quand un ronflement sonore eut fourni au surveillant la preuve que M. Dogny dormait, il sortit de sa cachette, sérieusement courbaturé par la fausse position qu'il avait dû garder sous son tapis, mais, du moins, grandement édifié par la piété de son bienfaiteur.

Le trait caractéristique de la vie chrétienne et sacerdotale de M. Dogny, c'était son grand esprit de foi. Il faudrait pouvoir citer ici la correspondance qu'il entretenait chaque semaine avec l'un de ses plus intimes amis, et qui, par un scrupule peut-être excessif, a été détruite. Bien que je ne les aie pas eues entre les mains, je sais que ces lettres, où M. Dogny mettait, pour ainsi dire, à nu le tréfonds de son âme et s'exprimait avec cette ingénuité et cette ouverture de cœur que l'on réserve aux seuls amis qui inspirent une absolue confiance, produisaient sur son correspondant une impression profonde.

En toute occasion, M. Dogny s'y montrait comme un prêtre agissant et parlant sous le regard de Dieu, voyant dans les événements la volonté de la Providence, et, aux heures de la douleur et même de l'humiliation, faisant preuve de la plus admirable résignation.

⁂

A une foi agissante, et de caractère essentiellement pratique, parce qu'il s'habituait à la traduire en actes dans le train quotidien de sa vie, M. Dogny joignait une humilité sincère, non pas cette humilité purement extérieure et verbale, qui se manifeste par des poses affectées et des mots qui ne sonnent pas toujours franc, mais celle qui accepte sans rien dire les manques d'égards, les blessures d'amour-propre, les quolibets grossiers, et ne regimbe même pas contre l'injustice. On peut bien le dire aujourd'hui, parce que c'est tout à l'honneur de cet ami tant regretté, il est une croix qu'il a portée toute sa vie et qui a été pour lui la source d'outrages et d'humiliations sans nombre, ç'a été son obésité. Non pas à Rethel, ni à Charleville, où tout le monde le connaissait et l'aimait, mais au dehors, en voyage, à Reims, à Paris, à Trouville et ailleurs, lorsqu'on voyait ce gros homme, au pas pesant mais à la mine opulente, allant par les rues, à pied ou en voiture, il arrivait fréquemment que des gens grossiers le tournaient en ridicule et l'accablaient de leurs lazzis, attribuant à une chère raffinée cette corpulence qui n'était, en réalité, que le signe certain d'une incurable infirmité. Il dévorait en silence tous ces affronts, faisant mine de n'avoir pas entendu ces propos injurieux et, dans le secret de son âme, offrait à Dieu, en expiation de ses fautes, le sacrifice de ses révoltes et de ses indignations (1).

C'était le même sentiment de foi généreuse et d'humble résignation à la volonté de Dieu qui, à Rethel, lui faisait dire un jour à l'un de ses confrères, après une prédication où il était resté court : « J'accepte..., j'accepte l'humiliation, mais c'est dur ! »

(1) Un jour pourtant, à Charleville, la patience lui échappa. Ayant été insulté par un employé de la gare, il alla résolûment vers lui, et, l'index tendu, il lui lança à la tête cette apostrophe, qui n'était que trop méritée : « Vous êtes un polisson, monsieur ! » Mais on ne cite que ce fait où il soit sorti de ses gonds et où il ait cédé à un juste mouvement de colère. Qui donc oserait lui en faire un crime ?

Prêtre exemplaire, il aurait regardé comme un acte de bassesse, toute démarche qui aurait eu pour effet d'attirer sur lui la bienveillante attention de ses supérieurs. Il n'allait jamais à l'Archevêché, au point qu'un vicaire général lui fit un jour grief de cette abstention, imitant, probablement sans le savoir, l'archevêque de Paris, Harlay de Champvallon, qui disait à l'abbé de Fénelon : « Je ne vous vois jamais, monsieur l'abbé ; on dirait que vous voulez vous faire oublier ; vous y réussirez ».

Etre oublié fut aussi le rêve de M. Dogny. S'il avait été très sensible à la marque de bienveillance que l'autorité religieuse lui avait témoignée en l'envoyant à l'Ecole des Carmes, il n'ambitionna jamais autre chose. C'est dire que, lorsque le cardinal Langénieux, voulant récompenser ses bons services dans l'enseignement, lui conféra la dignité de chanoine honoraire de sa cathédrale, M. Dogny ne tira aucune vanité de cet honneur inattendu. Il se garda bien d'en parler lui-même à sa famille, au point que sa sœur ne connut la nouvelle que par une tierce personne. Bien plus, par la suite, quand il assistait à quelque cérémonie religieuse, où il savait qu'il n'y aurait d'autre chanoine que lui, il avait la délicate pensée d'arriver à l'église sans ses insignes et revêtu, comme ses confrères, d'un simple surplis, afin, disait-il, ne n'humilier personne.

*
* *

Enfin, il aimait l'Eglise, comme on aime une mère, et rien de ce qui la concerne, ni sa hiérarchie, ni ses institutions, ne le laissait indifférent. Mais ses prédilections étaient pour la jeunesse cléricale, pour les élèves de Rethel et de Charleville, pour les séminaristes et pour les jeunes prêtres. Aux uns et aux autres, il prodiguait ses conseils et ses encouragements.

Il avait, pour les adolescents et les jeunes gens, des élans d'une tendresse quasi-maternelle. Il écrivait à l'un d'eux, qui se plaignait de son silence :

« Si vous avez besoin de vous sentir aimé, j'éprouve aussi le besoin de vous rassurer, de vous dire qu'on vous aime, qu'on ne laisse passer aucun jour sans penser à vous, souvent même plusieurs fois par jour ».

Mais, comme de juste, il s'attachait surtout à ceux qui lui avaient confié le soin de leur âme. Il avait pour eux des trésors d'indulgence, et, quand il les recevait chez lui, les jours de confession, il leur parlait en termes si affectueux et si encourageants, que ces courtes minutes d'entretien avec lui, bien loin de leur être pénibles, leur inspiraient le plus vif attrait. Ils auraient sacrifié sans peine une récréation ou une promenade, pour n'être pas privés du plaisir de se confesser, comme ils disaient, au père Dogny (1).

Lorsque certains de ses élèves, plus pieux que les autres, passaient du collège au grand séminaire, M. Dogny en éprouvait une joie très sincère, la joie du vieil officier qui voit arriver sous les drapeaux, les jeunes recrues qui lui succéderont un jour dans sa carrière de vaillance et de sacrifice.

En octobre 1874, il écrivait à l'un d'eux :

« Enfin, vous voilà au Grand Séminaire, et, qui plus est, vous vous y plaisez.

» J'aime à croire que ce séjour vous sera très favorable. Vous pourrez y développer les germes précieux de piété qu'il a plu à Dieu de jeter dans votre âme, et de les faire fructifier pour sa gloire et pour votre salut.

» Mais ce dont je vous félicite, ce qui est une

---

(1) En confession, M. Dogny avait une innocente manie qui est restée légendaire. Après l'aveu des fautes, il se tournait vers le pénitent pour lui adresser une petite allocution plus directe et plus pénétrante. Mais, instinctivement, il le prenait par le bouton supérieur de sa veste, et, à chaque conseil qu'il donnait, il tirait sur le bouton en répétant : « N'est-ce pas ? N'est-ce pas ? »

Mais souvent il arrivait que le bouton cédait à des tractions trop fréquentes, ce dont le confesseur était toujours désolé, comme s'il eût commis un crime, ne se doutant pas que certains espiègles lui avaient facilité la besogne, en coupant à l'avance presque tous les fils qui retenaient le bouton.

grâce de prédilection, c'est d'avoir pu obtenir
pour guide de votre conscience un homme aussi
éclairé que M. le Supérieur (M. Bieil) ».

Quelques semaines plus tard, mû par cette
curiosité sympathique qui avivait sans cesse
sa sollicitude, il écrivait à ce même séminariste :

» Que faites-vous dans votre cellule ? Vous y
plaisez-vous ? Si oui, vous avez mille fois raison.

» C'est encore là, malgré la règle étroite du
Grand Séminaire, que vous passerez le temps le
plus heureux de votre vie. Veuillez m'en croire.

» Profitez du temps que Dieu vous accorde d'y
passer, pour étudier votre vocation avec soin, et
pour vous fixer solidement dans la piété et dans
la vertu.

» Ayez bon courage ; mettez largement à
profit ces années bénies pour acquérir l'esprit
de force, pour fortifier en vous la foi et la piété.

» On en a besoin au Grand Séminaire ; on en a
plus grand besoin encore, après en être sorti.

» Vous le reconnaîtrez plus tard ».

Ses conseils se faisaient plus tendres à
l'heure de l'épreuve. Recevait-il de quelque
ancien élève la confidence d'une difficulté,
d'une déception, d'un chagrin quelconque ? il
en était tout ému, et bien vite, laissant de côté
ses propres affaires, il envoyait au séminariste

inquiet une lettre tout imprégnée d'esprit de foi et d'affection.

En 1878, il écrivait :

« Je n'hésite pas à mettre de côté un travail pressé, ne fût-ce que pour vous donner, dans votre chagrin, un faible gage de mon attachement.

» Je vous remercie d'avoir cru assez à mon amitié pour me confier votre peine ; vous ne vous êtes pas trompé, car je prends la part la plus grande et la plus active à vos tristesses et à vos épreuves.

» Je vois que le bon Dieu ne vous les ménage pas. Toutefois, elles ne doivent pas être pour vous une cause de découragement, au contraire. Vous savez qu'il n'est rien d'aussi efficace pour mûrir et fortifier un caractère, et pour donner à la vertu et à la piété une trempe vigoureuse.

» Les contradictions, on les rencontre partout ! Souvenons-nous que c'est là la voie la plus sûre pour arriver à la perfection chrétienne et à la mortification de l'amour-propre, notre plus redoutable ennemi ».

Le tableau des vertus sacerdotales de M. Dogny serait incomplet, si l'on ne disait pas encore qu'il portait en son cœur, à un degré éminent, l'amour des âmes. Sur ce point, sa foi n'avait été entamée, ni par l'âge, ni par l'accoutumance. Il estimait qu'il était de son devoir de tout faire pour propager autour de lui la lumière évangélique et travailler au salut de ses frères. Durant son professorat, quand arrivaient les congés de Noël et de Pâques, oubliant les rudes fatigues du trimestre écoulé, il n'hésitait pas à répondre à l'appel d'un confrère ou d'un ami, pour aller le seconder à l'occasion de quelque grande solennité religieuse. Il s'installait alors au confessionnal, et y faisait de longues séances. Le lendemain, il prêtait volontiers son concours, soit pour chanter la messe, soit même pour faire le prône, car dans ces paroisses rurales, où il n'était pas connu, la chaire lui inspirait moins de répugnances, et, d'ordinaire, précisément parce qu'il se sentait plus à l'aise, il se tirait plus heureusement d'affaire. Devant ces humbles auditeurs, il prêchait, comme il parlait, sans apprêt, sans artifice de langage, mais avec l'accent d'une foi très vive et d'un zèle très ardent.

Nous sommes maintenant en droit de conclure que M. Dogny a été, au plein sens du mot, ce qu'on a coutume d'appeler un bon prêtre, et qu'il a pratiqué, sans ostentation mais aussi sans défaillance, toutes les vertus de son état. Sa foi aux enseignements du Christ et de son Eglise était vive, comme son espérance était ferme et sa charité agissante. Avec cela, il se montrait modeste dans la bonne fortune, humble et résigné dans la mauvaise. Mais surtout sa piété était sincère, tendre, régulière, éclairée, se manifestant par des actes plutôt que par des paroles, et s'enveloppant toujours du voile de la réserve et de la discrétion. Enfin il aimait les âmes, non pas seulement celles de ses élèves ou de ses paroissiens, mais toutes les âmes en général, parce qu'elles ont toutes été rachetées par le même sang d'un Dieu, et ce qu'il avait d'intelligence, de cœur et de dévouement, il l'employait à les servir et à promouvoir en elles le règne de Dieu. Noble et fortifiant exemple, particulièrement en un temps où l'on cherche à créer et à multiplier les antinomies entre la haute culture des prêtres savants et les élans généreux des prêtres apôtres ! Il nous est infiniment agréable de constater par l'exemple de notre ami que ces antinomies entre la science et la vertu sont purement spécieuses et que, dans la sphère restreinte où la Providence l'a maintenu, M. Dogny a su associer, dans sa personne, les aspirations de l'intellectualisme le plus raffiné avec la poursuite persévérante et courageuse du plus pur idéal évangélique.

CHAPITRE XII

A Bethléem. — La Maladie et la Mort
1909-1910)

Malgré les apparences qui étaient florissantes. la santé de M. Dogny était. en réalité, depuis longtemps précaire. Il ne se passait presque pas d'année sans qu'il éprouvât quelque secousse. Sa correspondance fait mention de ces crises qui. à périodes régulières. venaient jeter le trouble dans sa vie. et le mettaient. pour un temps plus ou moins long. dans la nécessité d'interrompre ses fonctions. Tantôt. c'était une grippe maligne. tantôt des névralgies faciales très douloureuses. tantôt enfin une lassitude extrême qui l'anéantissait. au point de lui faire croire à un épuisement total.

Au fond. sa principale maladie. celle d'où découleraient par la suite ses autres infirmités, c'était l'obésité. Il en était déjà atteint en 1871. lorsqu'il était professeur de seconde au Petit Séminaire de Reims : mais. à cette date, rien n'était plus facile que de remédier au mal.

Avec un régime sévère et une hygiène vigilante, M. Dogny eût pu arrêter cet embonpoint envahissant, et, en fortifiant ses muscles au dépens des tissus adipeux, reconquérir très vite la pleine liberté de ses mouvements. Il eût suffi pour cela que quelqu'un d'autorisé, — un supérieur ecclésiastique ou un médecin, — attirât son attention sur la gravité de cette maladie naissante, et lui en fît entrevoir très nettement les suites fâcheuses pour sa santé et aussi pour sa carrière professorale. Mais personne, ni à Reims, ni à Rethel, ne se rencontra autour de lui, pour lui rendre ce bon office, et, en quelques années, comme c'était à craindre, la situation alla en s'aggravant.

Une fois pourtant, en 1898, un ami dévoué, qui s'inquiétait avec raison des malaises persistants et de plus en plus fréquents, auxquels M. Dogny était en proie, lui ménagea une consultation d'un grand spécialiste parisien. Le docteur traça au malade, avec une minutie extrême, un plan de vie tout à fait rigoureux, assez pénible par certains détails, mais dont l'effet infaillible devait être de lui rendre un peu de jeunesse et de vigueur. Mais il fallait que le régime fût complété par une cure à Wiesbaden ou à Marienbald.

Malheureusement, M. Dogny avait déjà dépassé la cinquantaine. Et puis, la perspective d'aller en Allemagne, dans le seul but de

s'alléger d'un embonpoint encombrant, lui inspirait une sorte d'effroi :

» Il m'a été impossible, écrivait-il, de remplir toutes les prescriptions du docteur. D'abord
ce voyage à Wiesbaden m'effrayait ; puis, les
pluies et le froid m'ont confirmé dans mon secret
désir de n'y aller que l'an prochain.

» Mais j'ai lu et relu les autres prescriptions.
J'ai même déjà commencé à m'y conformer ; j'ai
restreint le pain, les légumes et la boisson, et je
m'en trouve bien. Je continuerai ».

Nul, à coup sûr, n'était plus sincère que
lui, quand il écrivait ce mot : « Je continuerai... » Mais la vie de collège, on le sait, n'est
guère propice aux régimes particuliers, et les
occasions de se mettre en contravention avec
les ordres de la Faculté y sont assez nombreuses. Bref, ce plan d'une vie plus hygié-
nique et plus rationnelle resta pour lui lettre
morte ; aussi, l'année suivante, n'avait-il fait
aucun progrès.

Il demeurait d'accord avec son ami qu'il y
avait quelque chose à faire ; mais, par suite
de je ne sais quelle débilité de la volonté, il
ne se sentait pas l'énergie nécessaire pour aller
faire la cure qui lui avait été prescrite, et dont
les résultats favorables lui étaient pourtant as-
surés. Ne sachant pas, disait-il un traître mot
d'allemand, il éprouvait une répulsion invinci-

ble à se mettre en route, pour essayer de retrouver force et santé, auprès de ces fontaines de Jouvence, que la Providence avait eu le tort de placer si loin, en plein pays germanique. Et comme, d'ailleurs, son caractère n'était pas exempt d'un certain fonds de nonchalance, il laissa les choses aller leur petit train et perdit, peu à peu, l'habitude de réagir contre la torpeur qui l'envahissait de plus en plus et qui devait avoir raison de sa robuste constitution.

Les signes avant-coureurs ne lui firent pas défaut. En 1902, il avait dû se soumettre à une opération assez douloureuse, dans une clinique de Reims. En 1906, il fut atteint d'une assez longue maladie, dont il ne sortit qu'à bout de forces et complètement épuisé. Le printemps et l'été de 1907 ne lui furent pas plus favorables :

« J'attendais, écrivait-il, de pouvoir vous donner de meilleures nouvelles de ma santé. Hélas ! j'attends toujours et ne vois rien venir ».

En mai 1908, il fut terrassé par une bronchite aiguë, qui lui permit à peine de supporter les fatigues d'une première communion.

Le séjour qu'il fit, cette même année, à l'hôpital Auban-Moët, à Epernay, ne lui procura qu'un soulagement momentané.

« Le mal, disait-il, a fait des progrès : il s'est

abattu sur mes malheureuses jambes, qui sont dans un état lamentable... C'est une maladie organique, impossible à guérir. Je suis probablement un homme fini ».

*
**

Au printemps de 1909, nous l'avons dit, sur les instances de son vieil ami, M. Badré, il se décida à quitter sa cure et à aller chercher, dans la maison de Bethléem, la tranquillité et le repos dont il avait un si impérieux besoin.

Il était sûr d'y trouver, non seulement le charme d'une amitié de près de quarante ans, mais encore les soins délicats et empressés des religieuses de l'établissement. Enfin, il n'est pas téméraire de penser que la perspective de finir son existence au milieu des enfants qui avaient été l'unique passion de sa vie, souriait à son cœur de vieux pédagogue. Avec un peu de bon vouloir, cet orphelinat lui donnerait l'illusion d'un collège ; il avait même le secret espoir que son concours n'y serait pas entièrement inutile.

Son installation se fit dans les conditions les plus agréables. On lui avait aménagé une chambre, qu'on avait pris soin de garnir de tous les menus objets qui lui étaient familiers, et une religieuse de la maison avait été attachée à son service.

Malheureusement, malgré les bons soins qui lui étaient prodigués, il ne sut se défendre contre une méchante grippe, qui l'atteignit presque à son arrivée et le laissa dans un profond abattement.

Bien que la maison fût située dans un quartier très salubre et entourée d'un vaste jardin, le mauvais état de ses jambes ne lui permit pas de faire les promenades qui auraient pu entretenir ses forces. Une seule fois, il lui fut donné de descendre au jardin. Une autre fois, il alla en voiture à la cathédrale, pour assister aux fêtes de Jeanne d'Arc ; mais cette course, comme celle qu'il fit un peu plus tard au champ d'aviation de Bétheny, ne lui apporta qu'une extrême fatigue, sans réussir à le tirer de son engourdissement. Il prenait tous ses repas chez lui, sauf un jour où il descendit à la salle à manger, voulant tenir compagnie à trois ou quatre de ses anciens élèves du Petit Séminaire de Reims, qui étaient venus lui rendre visite.

Néanmoins, il faisait bonne contenance, et, si le mal le retenait cloué sur son fauteuil, il n'en gardait pas moins sa gaieté habituelle et toute l'activité de son intelligence. En partant pour Reims, il avait écrit :

« Je reviendrai à mes vieux auteurs, que j'ai un peu négligés depuis plusieurs années ».

La lecture fut, en effet, après les secours de la religion, son meilleur réconfort. De sa bibliothèque, qui était à la portée de sa main, il extrayait volontiers tel ou tel classique, qu'il avait tant de fois expliqué devant ses élèves, et cette lecture plus lente, plus réfléchie, plus désintéressée, faite dans ce grand silence de l'âme qui précède la mort, lui procurait des émotions indicibles. Les moralistes surtout le captivaient, le passionnaient même, et Pascal en particulier, dont la plume géométrique, pour me servir du mot de Lacordaire, a soulevé tant de problèmes, le transportait d'enthousiasme. Il en était de même pour les *Oraisons funèbres* de Bossuet. Ces somptueuses pièces d'éloquence, qui intéressent si malaisément les jeunes gens de quinze ou seize ans, prennent un relief singulièrement puissant, quand on les lit presque au seuil de l'éternité, et qu'avec l'orateur on est profondément convaincu du néant des choses humaines.

Mais, si douces qu'elles lui fussent, ces lectures ne lui suffisaient pas : il tenait aussi à se rendre utile. C'était même la plus constante de ses préoccupations. Il avait dit, en arrivant à Reims :

« Il me faut recommencer une nouvelle vie, une vie de rentier cette fois, plus agréable et plus facile sans doute, mais qui peut avoir des inconvénients, ne fût-ce que celui de se sentir désormais inutile. Quoi qu'il en soit, je l'accepte, puisque telle est la volonté de Dieu ! »

Mais si résigné qu'il fût, il espérait bien que la Providence lui fournirait l'occasion de se dépenser encore au service du prochain, et qu'il trouverait, dans le travail et l'apostolat, un puissant dérivatif à l'ennui du désœuvrement.

Tout d'abord, comme à Villers-Allerand, il continua de corriger les conférences ecclésiastiques, que lui confiait l'Archevêché. Il s'occupa aussi des enfants de la maison. Il confessait tous ceux qui désiraient s'adresser à lui, et ce ministère, où il réussissait si bien, lui procurait les mêmes consolations qu'à Rethel et à Charleville. Aux plus grands, il donnait des leçons de français, d'histoire, et même de latin ; c'est ainsi que l'un d'eux, initié par lui aux éléments de la grammaire de Lhomond, put entrer ensuite au Petit Séminaire, en vue du sacerdoce.

Mais sa grande joie était de faire le catéchisme à ceux qui se préparaient à la première Communion. C'était dans sa chambre qu'il les recevait, et, quand il leur avait fait faire la prière, il leur parlait de Notre-Seigneur Jésus-Christ, de sa prédication, de ses miracles, des souffrances de sa Passion, avec une telle chaleur et un tel accent de piété, qu'il faisait songer à Gerson, cet illustre fils de la Champagne, consacrant les derniers jours de sa glorieuse carrière à la formation religieuse et morale des petits enfants.

Un autre de ses délassements était, le dimanche, de leur apprendre à faire une lettre pour leur famille, et c'était plaisir de voir un homme de son âge et de son talent exposant à de petits orphelins, qui n'avaient jamais rien entendu de pareil, les règles de l'art épistolaire.

Les visites qu'il recevait absorbaient aussi une partie notable de son temps. Presque tous les prêtres de la ville, — depuis M. Neveux, vicaire général, jusqu'aux simples vicaires, sans parler de ceux qui venaient du fond du diocèse tout exprès pour le voir, — défilaient dans son humble cellule, et, suivant le mot de l'un d'eux, ils se retiraient « toujours édifiés de son calme, de sa résignation et de sa belle humeur ».

Mais, entre tous, c'était M. Badré qui était le plus assidu. Chaque soir, après le souper de la communauté, il passait un long moment auprès de lui, et cette visite, à laquelle le cher malade attachait le plus grand prix, s'écoulait en colloques pieux, au cours desquels les deux amis aimaient à évoquer les souvenirs lointains de leur jeunesse et de leurs débuts dans le professorat. C'étaient les mêmes propos que ceux qui s'étaient échangés, en 1904, sur la terrasse du presbytère de Villers-Allerand, entre M. Dogny et M. Gillet, — avec cette différence que, cette fois, les rôles étaient renversés. De consolateur qu'il avait été, M. Dogny était devenu le consolé. Sous l'étreinte de la douleur physique et dans l'angoisse d'une fin qu'il sentait prochaine, il écoutait d'une oreille attentive et d'un cœur reconnaissant ces mêmes paroles encourageantes et pleines de lumières sur les mystères de l'au-delà que lui adressait le directeur de Bethléem, et où il retrouvait l'écho de celles qu'il avait dites naguère à l'ancien archiprêtre de Charleville.

*
* *

Il était pour toute la maison un sujet de grande édification. Les enfants se racontaient entre eux les traits de sa charité (1). On savait que lorsqu'il recourait aux bons offices des uns ou des autres, il avait l'habitude de donner, en manière de récompense, deux et trois fois autant qu'un homme généreux l'eût fait à sa place.

Les religieuses, qui l'approchaient de plus

---

(1) Un jour qu'il avait chargé un petit orphelin d'aller lui acheter pour deux sous de tabac à priser, il lui donna six sous pour la commission. Mais, en même temps, il le gronda, autant qu'il pouvait le faire, d'en avoir parlé à la sœur qui surveillait ses libéralités.

près, étaient surtout frappées de sa sincère et profonde humilité. Bien qu'il eût beaucoup travaillé au cours de sa longue carrière, et qu'il rendît encore à Bethléem tous les petits services qu'il était en son pouvoir de rendre, il se regardait comme un serviteur impuissant et inutile : « En somme, qu'ai-je fait ? ma bonne sœur », aimait-il à répéter. Et, comme la religieuse lui rappelait qu'il avait consumé sa vie au service de l'Eglise et de la jeunesse, qu'il n'avait donc pas lieu de se tourmenter, le malade répliquait : « C'est si peu de chose, ce que j'ai fait ! Je vais sans doute mourir, je le sens bien, et pourtant je voudrais vivre encore pour travailler et pour tâcher de faire un peu de bien ! »

Mais il était surtout dominé par des pensées de foi : « Je sais, écrivait un de ses amis, que sa foi était très vive, et son espérance aussi ». Bien qu'une sorte de pudeur l'empêchât de traduire en vaines paroles ses sentiments les plus intimes, on devinait, à la façon dont il priait et s'acquittait de ses divers exercices de piété, que toutes les aspirations de son âme étaient orientées du côté de l'ordre surnaturel. La présence de Dieu, d'un Dieu juste et bon, lui était familière. Aussi, dans son impuissance à reconnaître les services de toutes sortes dont il était l'objet, il disait aux religieuses : « Le bon Dieu vous rendra tout cela ! »

Et, quand il se rappelait les difficultés et les épreuves qui avaient parfois assombri sa vie, les croix qu'il avait dû porter, les injustices et les blessures qui avaient si douloureusement meurtri son cœur, au lieu de maudire ceux par qui il avait souffert, il s'humiliait lui-même d'avoir gardé trop longtemps le souvenir de ses tribulations passées, et il demandait au divin Crucifié de lui pardonner ses fautes, comme il pardonnait lui-même à ceux qui l'avaient offensé.

Cependant, ses forces déclinaient visiblement. A toutes ses misères s'était jointe une attaque d'albuminurie, sans parler de l'affection cardiaque dont il souffrait depuis longtemps et qui était due à son obésité. En outre, il était en proie à un irrésistible besoin de sommeil ; il lui arrivait de s'endormir même en prenant ses repas. Son organisme, au moins dans les rouages essentiels, était complètement usé, et l'on eût dit que la vie l'abandonnait peu à peu et comme par degrés.

Se rendait-il parfaitement compte de la gravité de son état ? On pouvait le croire à la façon très sereine dont il parlait de sa fin prochaine. Néanmoins, obéissant à je ne sais quel obscur instinct de conservation, il paraissait parfois se raccrocher à la vie, tant l'espérance était vivace au fond de son cœur, et alors ses paroles et ses actes contrastaient singulièrement avec les sombres pressentiments qu'il avait manifestés.

C'est ainsi que, deux jours avant sa mort, il exprima le désir qu'on lui achetât de la toile, pour lui confectionner des chemises, et, devinant dans son entourage un peu d'hésitation à exécuter un ordre qui semblait superflu, il ramassa ce qu'il lui restait d'énergie pour demander que cette emplette fût faite le jour même et qu'on lui montrât la toile et la facture. Jamais peut-être, au cours de sa carrière, il n'avait donné un ordre en termes aussi péremptoires !...

*
* *

La situation empira brusquement le dimanche 6 mars, vers quatre heures de l'après-midi. Ce jour-là, il avait reçu de nombreuses visites, et, comme son âme toujours alerte luttait vaillamment contre la lourdeur de son enveloppe matérielle, il en était résulté pour lui une grande fatigue.

Quand il se retrouva seul, après le départ de ses visiteurs, contrairement à son habitude, il demanda à la sœur de l'aider à se coucher. Il ne se sentait pas bien, disait-il, et il avait besoin d'un peu de repos.

Le médecin, qu'on alla chercher en hâte, diagnostiqua une congestion générale et déclara à M. Badré que, si l'on ne réussissait pas à enrayer le mal, c'était l'affaire de quelques heures.

En voyant la figure soucieuse et inquiète de son ami, le malade comprit que tout espoir était perdu. Il se confessa aussitôt avec les sentiments de la piété la plus vive et pria M. Badré de mander sa sœur et sa nièce, et de se tenir prêt pour lui administrer les derniers sacrements.

La nuit fut franchement mauvaise. Il parlait peu ; on eût dit que sa langue s'épaississait. Néanmoins, la lucidité de son esprit demeurait intacte. Vers deux heures du matin, pour faire comprendre qu'il désirait communier, il répéta à plusieurs reprises : « Le bon Dieu !... qu'Il vienne !... oui, qu'Il vienne... »

Le directeur de Bethléem s'empressa de le faire communier en viatique, et, aussitôt après, il l'administra.

Le lendemain matin 7 mars, se sentant plus mal, M. Dogny fit un suprême effort pour dicter à son ami ses dernières recommandations.

Vers onze heures, arriva la famille. Il reconnut sa sœur et sa nièce, leur disant : « Vous venez pour me voir mourir et me fermer les yeux... Merci !... » Et, s'oubliant pour ainsi dire lui-même, il insista pour qu'elles allassent déjeuner, leur assurant avec un bon sourire, qu'après le repas, elles le retrouveraient encore vivant.

Le coma l'envahissait de plus en plus. Il paraissait endormi. Mais son âme veillait et il s'intéressait à tout ce qui se passait autour de lui ; chaque fois que la porte s'ouvrait, il demandait : « Qui est là ? » comme si, au seuil même de la mort, il eût obéi à cet insatiable besoin de savoir, qui avait été le grand mobile de sa vie.

Vers la fin de l'après-midi, la sœur s'approcha de lui, disant : « Vous nous recommanderez bien au bon Dieu, n'est-ce-pas, monsieur l'abbé ? Vous prierez bien pour nous, quand vous serez auprès de Lui, au Paradis ? »

« — C'est fait, répondit-il. Je Lui ai déjà demandé de vous récompenser de tout votre dévouement pour moi ».

Il ouvrit encore les yeux, pour recevoir, vers quatre heures, son vieil ami, M. Brincourt ; et il eut la force de lui dire : « Tu es bien gentil d'être venu me voir ! Je t'en remercie ! »

Telles furent ses dernières paroles, du moins les dernières qu'on ait recueillies. Elles lui étaient dictées par les deux plus nobles sentiments qui puissent inspirer une âme sacerdotale : la foi en un Dieu rémunérateur et la fidélité à l'amitié. A partir de ce moment, il ne laissa plus échapper que des mots indistincts, qui étaient le dernier élan de son être pour s'unir aux suggestions pieuses de l'ami qui l'assistait. Le drame toujours impressionnant de l'agonie se déroulait derrière ses paupières closes, dans l'intimité de la conscience, dans le mystérieux tête à tête de l'âme avec son Créateur et son Juge.

A huit heures, sans secousse, et à la façon d'une lumière qui s'éteint d'elle-même, il rendit le dernier soupir. A voir la parfaite sérénité de son visage et l'air reposé de tous ses traits, les personnes présentes pouvaient dire de lui ce que Bossuet, en son magnifique langage, disait d'Henriette d'Angleterre : « Oui, il fut doux envers la mort, comme il l'avait été envers le monde. Son grand cœur ni ne s'aigrit, ni ne s'emporta contre elle. Il ne la brava non plus avec fierté ; content de l'envisager sans émotion et de la recevoir sans trouble. Triste consolation, puisque, malgré ce grand courage, nous l'avons perdu ! »

Dans la journée du 8 mars, le Cardinal-Archevêque de Reims vint donner une suprême bénédiction à la dépouille mortelle de notre ami, marquant, par cette démarche toute spontanée, les sentiments d'estime et de sympathie dont il était animé pour le cher défunt.

Le mardi 9 mars, un premier service funèbre eut lieu dans la chapelle de Bethléem. Une foule nombreuse, composée de prêtres et de laïques, était accourue de tous les points du diocèse pour s'associer au deuil de la famille, et rendre les derniers devoirs à l'homme de bien, au prêtre plein de zèle, à l'éducateur émérite qu'avait été M. Dogny. Dans le chœur, se tenaient MM. les Vicaires généraux, et plusieurs membres du Chapitre, qui avaient été en relations d'amitié avec le défunt. Ce fut un Evêque, celui-là même qui écrit ces lignes, qui eut la triste consolation de donner l'absoute et de prononcer, d'une voix émue, les admirables paroles de la liturgie, par lesquelles l'Eglise de la terre prend congé des fidèles défunts et confie aux anges le soin de les introduire dans le sein d'Abraham, pour y jouir à jamais de la félicité céleste.

Le corps, transporté le jour même à Charleville, fut inhumé, sans vaine pompe, au cimetière de cette ville, dans un caveau de famille; et c'est là qu'il repose, en attendant le grand jour de la résurrection : *Hic jacet in Christo, expectans beatam resurrectionem.*

O mon ami, qui fûtes aussi mon maître, avant de clore ce travail qui vous est consacré et de déposer cette plume dont vous avez dirigé les timides essais il y a tout juste quarante ans, laissez-moi vous dire que votre mémoire, pareille à celle du Juste de l'Ecriture, restera en bénédiction parmi nous.

Un jour, dans un moment de dépression physique et morale, vous vous êtes écrié : « *Je suis un homme fini.....* »

Quelle erreur était la vôtre ! C'est en vain que, quelques mois plus tard, vous avez été emporté par le mal qui vous torturait depuis plusieurs années ; en vain aussi que vous avez été couché dans la tombe, à côté des êtres que vous aviez chéris sur cette terre, pour y dormir votre dernier sommeil !

Votre nom ne périra pas ! Votre souvenir vivra dans le cœur de tous ceux à qui il a été donné de vous approcher.

Il vivra chez les innombrables élèves que vous avez initiés aux délicates jouissances de l'esprit et aux nobles luttes pour la vertu ;

Il vivra chez les paroissiens de Courville et de Villers-Allerand, qui ont vu briller en votre personne les qualités de zèle et de dévouement auxquelles on reconnaît le bon pasteur ;

Il vivra chez tous ces confrères de l'enseignement ou du clergé paroissial qui, tout fiers d'avoir été admis dans votre intimité, vous ont témoigné une sympathie où il entrait autant de vénération que de tendresse ;

Il vivra chez ces pauvres, ces indigents, ces vaincus de la vie que vous avez assistés dans leur détresse et réconfortés de vos bonnes paroles, meilleures encore que votre argent ;

Il vivra enfin aussi longtemps que la grande

œuvre de l'enseignement libre, à laquelle vous avez si libéralement consacré vos forces, continuera de vivre et de prospérer en France ; aussi longtemps que des cœurs intrépides et des mains ferventes se transmettront, comme un flambeau sacré, l'ardeur qui vous anima pour l'éducation de la jeunesse chrétienne.

Tous ceux qui vous ont aimé, — Dieu sait si le nombre en est grand, — garderont, comme une lumière et aussi comme une espérance, l'exemple de votre vie toute de foi, d'abnégation, d'esprit surnaturel, faite, par conséquent, de sûre immortalité.

Puissent ces modestes pages, nées de ma gratitude et de mon affection, vous parvenir par-delà le mystère qui nous sépare, et vous apporter l'assurance que rien ne réussira à effacer de nos cœurs et de nos lèvres votre nom et votre souvenir, et que, toute notre vie, nous entourerons de bénédiction votre douce mémoire !...

TABLE DES MATIÈRES

Nevers, Imp. G. Vallière